Europa heute: Massenerwerbslosigkeit, prekäre Arbeitsverhältnisse, soziale Enteignung und der Abbau demokratischer Rechte prägen besonders die Länder der europäischen Peripherie. Die Europäische Union und die Euro-Zone drohen bereits an diesen Ungleichgewichten auseinanderzubrechen.

Karl Heinz Roth und Zissis Papadimitriou zeigen die Ursachen dieser fatalen Entwicklung auf und weisen nach, dass vor allem die exportgetriebene Niedriglohnpolitik der deutschen Hegemonialmacht und ihrer kerneuropäischen Verbündeten den Niedergang Europas zu verantworten hat.

Doch die Autoren schlagen eine Alternative vor: entscheidende Reformen auf allen Ebenen des gesellschaftlichen, wirtschaftlichen und politischen Lebens hin zu einem egalitären Europa.

DR. DR. KARL HEINZ ROTH, geb. 1942. Studium der Medizin und Geschichtswissenschaft. Mitbegründer der Hamburger Stiftung für Sozialgeschichte des 20. Jahrhunderts und der Zeitschrift *1999* im Jahr 1986. Lebt seit 1998 in Bremen. Zahlreiche Buch- und Zeitschriftenveröffentlichungen zur Sozial-, Wirtschafts-, Medizin- und Wissenschaftsgeschichte des 20. Jahrhunderts. Zuletzt erschien von ihm, zusammen mit Jan-Peter Abraham, *Reemtsma auf der Krim. Tabakproduktion und Zwangsarbeit unter der deutschen Besatzungsherrschaft 1941–1944* (2011).

PROF. DR. ZISSIS PAPADIMITRIOU, Studium der Elektrotechnik und der Soziologie in Berlin und Hamburg. 1974–1985 Mitarbeit am Frankfurter Institut für Sozialforschung im Bereich Technologie-Forschung sowie Lehrauftrag für Industriesoziologie an der Universität Frankfurt. 1985–2006 Professor für Soziologie und Politische Wissenschaften an der Aristoteles-Universität Thessaloniki, Gastdozenturen in Sendai, Japan, in Athen und Thrazien.

KARL HEINZ ROTH
ZISSIS PAPADIMITRIOU

DIE KATASTROPHE VERHINDERN

MANIFEST FÜR EIN EGALITÄRES EUROPA

EDITION NAUTILUS

Edition Nautilus Verlag Lutz Schulenburg
Schützenstraße 49 a · D-22761 Hamburg
www.edition-nautilus.de

Originalveröffentlichung · Erstausgabe Juli 2013
Umschlaggestaltung: Maja Bechert, Hamburg
www.majabechert.de
Porträtfoto Karl Heinz Roth: © Theo Bruns
Porträtfoto Zissis Papadimitriou: © privat
Druck und Bindung:
Beltz Bad Langensalza
1. Auflage
Print ISBN 978-3-89401785-9
E-Book EPUB ISBN 978-3-86438-146-1
E-Book PDF ISBN 978-3-86438-147-8

Vorwort

Es ist Zeit zum Handeln: Fünf Jahre Krise sind genug. Die arbeitenden Klassen und Schichten sind die Hauptleidtragenden. Sie haben die Krise am wenigsten zu verantworten. Und doch werden die Krisenlasten ausschließlich auf sie abgewälzt. Sie beginnen, sich gegen diese Zumutung zu wehren und nach Alternativen zu suchen. Die Voraussetzungen für einen breiteren sozialen Widerstand sind somit günstig. Sie sind es auch deshalb, weil die herrschenden Eliten Europas zerstritten sind: Eine Fraktion setzt nach wie vor auf krisenverschärfende Sparprogramme, eine andere will den europäischen Integrationsprozess aufkündigen.

An diesen Rahmenbedingungen orientiert sich unsere Flugschrift. Im ersten Teil untersuchen wir, was geschehen ist und wie es dazu kommen konnte. Im zweiten Schwerpunkt diskutieren wir alternative Handlungsmöglichkeiten und entwickeln daraus ein Aktionsprogramm, das den alltäglichen sozialen Widerstand vor Ort mit der Perspektive eines föderativen und egalitären Europa verbindet.

Wir haben versucht, auch die ökonomischen Zusammenhänge verständlich darzustellen. Trotzdem mögen einige Begriffe übrig geblieben sein, die vielleicht nicht allen Leserinnen und Lesern vertraut sind. Andere LeserInnen werden wiederum nach dem Quellen- und Literaturmaterial fragen, das wir benutzt haben. Deshalb haben wir den vorliegenden Text durch ein Glossar und eine ausgewählte Literaturliste ergänzt. Beides kann auf der Webseite www.egalitarian-europe.com abgerufen werden.

Bremen/Thessaloniki, im Mai 2013

Die aktuelle Lage

In Europa geht die Verelendung um. Die herrschenden Gewalten haben begonnen, die arbeitenden Klassen in den Ruin zu treiben. Sie sind die Akteure eines Systems, das durch die Prinzipien der Profitmaximierung und der Konkurrenz geprägt ist. Dieses System ist instabil und nur so lange überlebensfähig, als es sich schubweise ausdehnt und den Reichtum der Wenigen durch die fortschreitende Enteignung, Ausbeutung und Verarmung der Vielen vermehrt. Droht diese Dynamik zum Stillstand zu kommen, weil die Profitraten fallen, so setzen die herrschenden Klassen alle Hebel in Bewegung, um die Ausbeutungsverhältnisse zu restrukturieren und den Raubbau an den natürlichen Ressourcen zu beschleunigen. Ihre wichtigsten Strategien sind dabei die Vergrößerung und Verstetigung der wirtschaftlichen Reservearmee, die Verdichtung der Arbeitsprozesse, die Senkung der Löhne, die Privatisierung der öffentlichen Güter und der Sozialfonds sowie die Etablierung eines harten Schuldenregimes. Das Ergebnis sind vielschichtige Prozesse der Prekarisierung und Massenverarmung. Die subalternen Klassen werden ihrer elementaren Existenzrechte beraubt und müssen unter dem Druck einer konstant hohen Erwerbslosigkeit sozial ungesicherte, niedrig entlohnte und zeitlich befristete Arbeitsverhältnisse hinnehmen. Gleichzeitig verlieren sie die Kontrolle über ihre Reproduktionsbedingungen: Als überschuldete Zwangssparer sind sie der Willkür der Banken, Versicherungskonzerne und Regulationsbehörden ausgeliefert.

Seit der Großen Rezession von 2007 bis 2009 haben diese Pauperisierungsprozesse in Europa eine neue Qualität erreicht. Die Zahl der Erwerbslosen ist ständig gestiegen, zuletzt auf 26,2 Millionen Menschen (10,8 %) in der Gesamt-EU (EU-27) und auf 19 Millionen Menschen (12,0 %) in der Euro-Zone. Von diesen Erwerbslosen sind 23,6 % bzw. 24,2 % Jugendliche zwischen 15 und 24 Jahren. Dabei variiert die geografische Verteilung stark. In einigen Peripherieländern liegt die Erwerbslosenquote deutlich über dem Durchschnitt, so etwa in Griechenland (27 %), Spanien (26,2 %), Portugal (17,6 %) und Irland (14,7 %). Ihnen stehen die Länder der Kernzone – Deutschland, die Beneluxstaaten und Österreich – gegenüber, in denen sich die schon seit drei Jahrzehnten andauernde strukturelle Erwerbslosigkeit kaum verändert hat. Noch dramatischer sind die Unterschiede bei den jugendlichen Erwerbslosen. In den Peripherieländern werden inzwischen Quoten von 58 % (Griechenland), 55,5 % (Spanien), 38,7 % (Italien), 38,6 % (Portugal), 30,9 % (Irland) und 28,1 % (Polen) dokumentiert; ihnen stehen die deutlich niedrigeren Ziffern der Kernländer Niederlande, Österreich und Deutschland mit 10,3 %, 9,9 % bzw. 7,9 % gegenüber.

Hinter diesen Daten sind katastrophale individuelle und familiäre Schicksale verborgen. Noch immer bestimmt das Arbeitsverhältnis über die Teilhabe am gesellschaftlichen Leben, so instabil und schlecht bezahlt es auch sein mag. Deshalb löst der länger anhaltende Jobverlust weitreichende Kettenreaktionen aus, die durch den befristeten Bezug von Arbeitslosenunterstützung nur hinausgeschoben werden. Nach der Beendigung dieser zeitlich befristeten Bezugsrechte beginnt der soziale Absturz, denn nun folgt die Ausgrenzung aus weiteren sozialen Sicherungsnetzen. Die Krankenversicherung erlischt und die Anwartschaft auf die Altersrente schrumpft zur Perspektive der Altersarmut. Da zudem die Löhne schon lange vor Krisenbeginn gesunken und die Sozialleistungen gestutzt worden waren, hatten viele Haushalte versucht, ihre Schieflage durch den kreditfinanzierten Kauf von Eigenheimen und Wohnungen zu stabilisieren und diese zur Absicherung ihrer Existenzrisiken zu verpfänden. Als die Krise dann ihr überschuldetes Wohneigentum entwertete, brach die Konstruktion der kreditfinanzierten Einkommensstabilisierung zusammen. In Ostmitteleuropa, Großbritannien und in den Peripherieländern der Euro-Zone sind mittlerweile über eine Million Zwangsversteigerungsverfahren anhängig; über die Hälfte davon ist inzwischen vollstreckt. Allein in Spanien stehen 400 000, in Ungarn 120 000 und in Irland 85 000 Erwerbslosenhaushalte vor dem Nichts. Sie müssen sich in Armutsquartiere, Trabantenstädte und Ghettos zurückziehen, in denen die Infrastruktur weitgehend verrottet ist.

Der Verlust der Häuser und Wohnungen ist aber nur eine von vielen Folgeerscheinungen der Massenerwerbslosigkeit. Die aus ihren Eigenheimen vertriebenen Familien können oft nicht mehr für ihre Heizkosten aufkommen und ihre Mieten, Stromrechnungen und Telefongebühren nicht mehr bezahlen. Auch die älteren Familienangehörigen und Verwandten sind außerstande, helfend einzuspringen, weil ihre Rentenbezüge laufend gekürzt werden. Krankheiten werden zu einem kaum mehr kalkulierbaren Risiko und erzwingen die Preisgabe der letzten Ersparnisse. Hunderttausende sind inzwischen obdachlos und auf Notunterkünfte, unentgeltlich tätige Gesundheitszentren und die Essensrationen von Armentafeln angewiesen.

Besonders dramatisch ist die Situation der erwerbslosen Jugendlichen. Schon in den Jahren zuvor war ihnen durch die Deregulierung der Arbeitsbeziehungen der Zugang zu einigermaßen fair bezahlten und verlässlichen Arbeitsplätzen verwehrt worden. Nun verloren sie auch ihre niedrig entgoltenen und befristeten Jobs – allein in Spanien wurden seit Krisenbeginn zwei Millionen prekäre Jugendliche auf die Straße gesetzt. Für sie und alle anderen erwerbslosen Jugendlichen in Europa prägt dieses Schicksal mehr als eine biografische Episode, es wird ihr Leben jahrzehntelang überschatten. Europaweit ist eine verlorene Generation im Entstehen begriffen, der die elementaren Voraussetzungen für den Beginn eines selbstbestimmten Lebens entzogen sind. In Griechenland sind mittlerweile 80 % aller Jugendlichen in ihre elterlichen Haushalte zurückgekehrt. Hunderttausende frisch ausgebildete Fachkräfte und Hochschulabsolventen aus Ostmittel- und Südeuropa sind inzwischen in die Länder der europäischen Kernzone, aber auch nach Nordamerika, in die arabischen Golfstaaten und in die früheren afrikanischen Kolonialgebiete ausgewandert. Hinzu kommt eine verstärkte Binnenwanderung aus den Armutsquartieren der städtischen Agglomerationen in die ländlichen Regionen.

Das sind nur einige herausragende Aspekte der um sich greifenden Verelendung und sozialen Destabilisierung, die nicht nur die Unterklassen, sondern zunehmend auch die unteren Segmente der Mittelschichten erfasst haben. Wer heute Europa bereist, bemerkt die Wegmarken der Armut und der Hoffnungslosigkeit. Sie sind in den Peripherieländern stärker ausgeprägt als in der Kernzone. Die neue Massenarmut hat inzwischen ein Drittel der Gesellschaften Ostmittel- und Südeuropas sowie der Peripherieländer der Euro-Zone im Griff und verkürzt ihre Lebenserwartung. Sie geht aber auch quer durch die EU-Mitgliedsländer. Auch in der Kernzone sind durchschnittlich 20 % aller Menschen verarmt. Ihre Zahl ist in Deutschland mit 16,1 Millionen Menschen (19,9 % der Gesamtbevölkerung) sogar absolut am höchsten.

Auch die soziale Demoralisierung folgt diesem Verteilungsmuster: In den Peripherieländern ist die Zahl der Selbsttötungen dramatisch gestiegen, und in den Armutsquartieren greifen Prostitution, Kleinkriminalität, innerfamiliäre Männergewalt und Drogenabhängigkeit um sich. Europaweit nutzen neofaschistische Organisationen die sozialökonomische Selbstzerstörung der repräsentativen

Demokratie zum demagogischen Stimmenfang und zu Gewaltakten gegen Flüchtlinge und soziale Minderheiten. Sie spielen das alte Spiel des Faschismus: Sie greifen die soziale Frage auf und leiten sie in die Kanäle einer hypernationalistischen Ethnopolitik weiter.

Was ist geschehen?

Das sind niederschmetternde Befunde für einen Kontinent, der in den offiziellen Sprachregelungen noch immer als reich gilt und dem am weitesten entwickelten Zentrum des Weltsystems zugerechnet wird. Wodurch wurde diese Wende ausgelöst? Welche Faktoren und Ereignisse haben der Wiederkehr der Massenverelendung in Europa die Tür geöffnet? Die Ursachen sind vielschichtig. Sie sind teilweise das Ergebnis weltweiter sozialökonomischer Entwicklungen, teilweise aber auch auf spezifische innereuropäische Konstellationen zurückzuführen. Ihre Ursprünge reichen bis in die 1970er Jahre zurück.

Die globalen Umbrüche seit den 1970er Jahren

Zu Beginn der 1970er Jahre kam es zu wirtschafts-, finanz- und geldpolitischen Umbrüchen, die vor allem von der US-amerikanischen Hegemonialmacht ausgelöst wurden und sich weltweit auswirkten. In den Jahren 1971 bis 1973 annullierte die Nixon-Administration unter dem binnen- und kriegswirtschaftlichen Inflationsdruck des Vietnamkriegs die Goldbindung des US-Dollars. Die offizielle Weltreservewährung des Bretton-Woods-Systems wandelte sich zur inoffiziellen und ungedeckten Leitwährung, und die beim Internationalen Währungsfonds festgeschriebenen Wechselkursrelationen wurden überwiegend freigegeben. Von nun an bestimmten die Akteure der Devisenmärkte die frei schwankenden Kurse der Währungen. Weltweit entstanden neue Offshore-Märkte des US-Dollars, und davon ausgehend kamen Liberalisierungsprozesse in Gang, die die gesamten Kapitalmärkte für Aktien, Anleihen, Rohstoffe, Immobilien und industrielle Direktinvestitionen erfassten. Als die Schockwellen des Zusammenbruchs des Bretton-Woods-Systems im Herbst 1973 durch den Ölpreisschock des Yom-Kippur-Kriegs überlagert wurden, kam es zur Weltwirtschaftskrise, die zwei Jahre später in eine globale Stagnation überging. Diese Stagnation war durch niedrige Wachstumsraten, stürmische Preissteigerungen und hohe Arbeitslosigkeit geprägt und wurde 1983 durch eine wenig stabile weltwirtschaftliche Erholung abgelöst.

Unter diesen währungspolitischen Rahmenbedingungen begann eine neue Ära. Die liberalisierten Kapitalmärkte, ein mehrjähriger Zyklus von Arbeiterkämpfen mit erheblichen Reallohnsteigerungen und der zunehmende Druck der gefallenen Profitraten zwangen die Chefetagen der multinationalen Unternehmen zu einer strategischen Neuorientierung, die ihnen durch die Akteure der anlagesuchenden Kapitalmärkte wesentlich erleichtert wurde. Genauso bedeutsam waren einige neue technologische Instrumente, die den Unternehmensleitungen seit Beginn der 1970er Jahre durch den Mikrochip und die darauf basierenden Computersysteme zur Verfügung gestellt wurden. Unter diesen günstigen Kapitalmarkt- und Innovationsbedingungen gingen sie dazu über, die hochkonzentrierten Produktionskomplexe der strategisch wichtigen Industriezweige zu dezentralisieren. Sie rissen die dort massierten Arbeiterbelegschaften auseinander, unterwarfen sie den erneuerten Fertigungsverfahren und schwächten ihre kollektive Verhandlungsmacht.

Das war aber nur die eine Seite jenes Prozesses, der seit den 1970er Jahren den Übergang von der fordistischen Mammutfabrik zum postfordistischen Netzwerkunternehmen bestimmte. Die zunehmend dezentralisierten Großunternehmen der Triade-Region (USA, Japan und Europa) gingen gleichzeitig dazu über, die Grenzen ihres ökonomischen Gravitationszentrums zu überschreiten und in den Schwellen- und Entwicklungsländern neue Niederlassungen aufzubauen. Auch hierbei konnten sie sich auf die immer rascher liberalisierten Kapitalmärkte stützen, die die Schwellen- und Entwicklungsländer mit billigen Darlehen überfluteten und den Aufbau ihrer Infrastruktur sowie spezifischer neuer Wachstumszentren – der Sonderwirtschaftszonen – vorantrieben. Auf dieser Basis etablierten die multinationalen Unternehmen dann neue Netzwerke der internationalen Arbeitsteilung. Sie gingen dazu über, die nach wie vor arbeitsintensiven Fertigungs- und Dienstleistungssegmente in den globalen Süden auszulagern. Das Resultat waren transnational organisierte Wertschöpfungsketten, die es gestatteten, die industriellen Reservearmeen der weniger entwickelten Kontinente in die Prozesse der Mehrwertproduktion einzubeziehen. Die in den internationalen Handelsbeziehungen schon seit Jahrhunderten genutzten Wege des komparativen Kostenvorteils wurden auf den Produktionszyklus übertragen. Dabei wurden unterschiedliche Entwicklungsstufen der Produktionstechnologie entsprechend dem Qualifikations- und Lohnstandard der Belegschaften des jeweiligen Netzwerkstandorts eingesetzt. Die Folge dieser transkontinentalen Zerlegung der Gesamtarbeit in unterschiedlich produktive Komponenten war eine nachhaltige Steigerung ihrer Ausbeutungsrate. In diesem Zusammenhang spielten auch die technologischen Umwälzungen im Transportsektor eine wichtige Rolle: Die breite Durchsetzung des Container-Systems machte es möglich, die Transportketten kontinentübergreifend zu schließen und die Beförderungskosten derart zu senken, dass die weltweite Dislozierung von Investitions- und Anlagekapitalien rentabel wurde.

Indessen verlief dieser Umbruch keineswegs glatt. Es dauerte Jahre, bis sich die Akteure der weltweit »finanzialisierten« Kapitalbewegungen mit den Strategen der postfordistischen Umstrukturierung der Industrieproduktion abgestimmt hatten. Auch die Kompradoren-Eliten des globalen Südens mussten sich erst einmal an die veränderten Bedingungen der nachholenden Entwicklung anpassen. Sie übernahmen die Aufgabe, ihre Märkte zu öffnen, die industriellen Reservearmeen zu mobilisieren, die Entwicklung der Infrastruktur auf die den multinationalen Konzernen genehmen Standorte zu konzentrieren und ihre Finanzsektoren so zu erweitern, dass sie die wachsenden Kapitalzuflüsse verkrafteten und die öffentlichen Budgets auf einen noch nie dagewesenen Verschuldungskurs zu trimmen vermochten. Aber auch in den metropolitanen Zentren häuften sich die Schwierigkeiten. In vielen Ländern der Triade-Region widersetzten sich die Arbeiterinnen und Arbeiter mit oder ohne Unterstützung durch ihre Gewerkschaften den Umstrukturierungen und Standortverlagerungen. Letztlich konnte ihr Widerstand nur durch den harten Zugriff der politischen Klassen der Regulationssysteme gebrochen werden – insbesondere in Großbritannien, den Vereinigten Staaten und Italien. Erst nach einer mehrjährigen Stagnationsphase, die als »Ära der Stagflation« in die Geschichte einging, erwies sich der Kampf um den Wiederaufschwung der Profitraten als erfolgreich.

Aber auch nach dem Durchbruch von 1982/83 gab es zyklische Höhen und Tiefen. In den Schwellen- und Entwicklungsländern Lateinamerikas und Südostasiens entwickelte sich eine massive Schuldenkrise. Das neue Entwicklungsmodell drohte an der Zahlungsunfähigkeit mehrerer aufstrebender Nationalökonomien zu scheitern. Daraufhin lancierten der Internationale Währungsfonds und die Weltbank radikale Strukturanpassungsprogramme, wobei sie die Vergabe von Hilfskrediten von der Bereitschaft zur vorrangigen Sanierung der öffentlichen Haushalte abhängig machten. Dadurch schlugen sie zwei Fliegen mit einer Klappe: Zum einen bewahrten sie die internationalen Investoren vor Verlustabschreibungen, zum anderen zwangen sie die Leitungsstäbe der überschuldeten Regime zum Verzicht auf eigenständige Entwicklungsoptionen. Sie mussten ihre Präferenzen für eine importsubstituierende Entwicklung und den Aufbau starker öffentlicher Wirtschaftssektoren preisgeben und sich dem Diktat der multinationalen Konzerne und Finanzinstitutionen unterwerfen.

In den Zentren des Weltsystems entwickelte sich hingegen nach der Niederwerfung der Arbeiterkämpfe der 1970er Jahre ein unterschwelliger Dauerkonflikt. Die arbeitenden Klassen und Schichten waren auch jetzt noch nicht bereit, die sich schleichend verstärkende De-Industrialisierung und die damit einhergehende Verstetigung der Erwerbslosigkeit passiv hinzunehmen. Viele Industriearbeiter entzogen sich dem verdichteten Arbeitsregime der verschlankten Fabriken und machten sich als kleine Gewerbetreibende selbstständig oder flüchteten in die Nischen der beruflichen Fortbildung. Andere untergruben die neuen Konzepte der Gruppenarbeit und der Just-In-Time-Verfahren durch passive Resistenz, je mehr die Lohnentwicklung hinter der Steigerung der Arbeitsproduktivität zurückblieb. Diese stummen und öffentlich kaum wahrgenommenen Konflikte bremsten die gestiegene Profitabilität der Umstrukturierungsprozesse wieder ab. Die Kapitalvermögensbesitzer und Chefmanager der strategischen Wirtschaftszweige hielten deshalb nach rentableren Anlagesphären Ausschau. Dabei griffen sie auf Vorschläge zurück, die eine neue Schule der marktradikalen Ökonomik – Angebotstheoretiker, Monetaristen und Public-Choice-Propagandisten – entwickelt, nach der Konterrevolution in Chile erstmals praktisch erprobt und inzwischen auch bei einigen

Exponenten der metropolitanen politischen Klasse – insbesondere Margaret Thatcher und Ronald Reagan – hoffähig gemacht hatten. Sie gingen erstens dazu über, die in den 1950er und 1960er Jahren entstandenen Reglements zur Stabilisierung der Arbeitsbedingungen, Arbeitsmärkte und Tarifvertragssysteme auszuhebeln, um die Arbeitsverhältnisse an die flexibilisierten und dezentralisierten Produktionssysteme anzupassen und die Lohnstückkosten zu senken. Zweitens starteten sie von Großbritannien ausgehend eine groß angelegte Kampagne zur Privatisierung des öffentlichen Sektors und unterwarfen die Bereitstellung von Energieressourcen, Elektrizität, Wasser, Postverbindungen, Telekommunikation und Verkehrsdienstleistungen dem Prinzip der Profitmaximierung. Einen dritten Investitionsschwerpunkt bildete die Destabilisierung und Privatisierung der öffentlichen sozialen Sicherungssysteme, die seit dem Ende des Zweiten Weltkriegs die überwiegende Mehrheit der metropolitanen Arbeiterhaushalte vor den wichtigsten existenziellen Risiken – Erwerbslosigkeit, Krankheit, Invalidität und Alter – absicherten. Sie wurden den Investoren der Krankenhauskonzerne, Pensionsfonds und Versicherungsgesellschaften ganz oder teilweise geöffnet: Die öffentlichen Leistungen wurden – bei konstant bleibenden oder gar weiter steigenden Sozialabgaben – so weit gekürzt, dass die Versicherten zunehmend zur Weitergabe ihrer Ersparnisse an die finanzialisierte Kapitalsphäre gezwungen wurden. Den vierten Schwerpunkt des Angriffs auf die Arbeits- und Lebensbedingungen der subalternen Klassen organisierten die politischen Eliten der Nationalökonomien in Eigenregie. Sie operierten dabei auf ihrem ureigensten Terrain, nämlich der Steuerpolitik, dem Kernstück der öffentlichen Einkünfte. Seit dem Ende des Zweiten Weltkriegs waren die steuerlichen Abgaben der Wohlhabenden und Reichen erheblich erhöht worden und hatten teilweise Spitzensätze bis zu 80 % erreicht. Diese Spitzenpositionen wurden nun drastisch zurückgefahren: Die Vermögensteuern verschwanden oft völlig, die Kapitalsteuern unterschritten die 30-%-Grenze, und bei den Einkommensteuern pendelten sich Höchstsätze zwischen 35 und 42 % ein. Selbstverständlich mussten diese Einnahmeverluste kompensiert werden – auf Kosten der abhängig Beschäftigten und der unteren Mittelschichten. Es kam zur gegenläufigen Erfindung neuer Besteuerungsarten, die Mehrwertsteuersätze wurden verdoppelt, und die Lohnsteuern avancierten zusammen mit den indirekten Abgaben zur neuen Hauptstütze der öffentlichen Haushalte.

Gegen diesen konzentrischen Angriff der Kapitalvermögensbesitzer, Unternehmensleitungen und politischen Klassen leisteten die metropolitanen Unterklassen zähen und hinhaltenden Widerstand. Es dauerte zweieinhalb Jahrzehnte, bis die restrukturierten Arbeits- und Sozialbeziehungen in den meisten Ländern der Triade-Region mehr oder weniger weitgehend durchgesetzt waren. Letztlich war es aber dem Schock des Untergangs der Sowjetunion und dem strategischen Anpassungskurs der traditionellen Arbeiterbewegung geschuldet, dass die von den USA und Großbritannien ausgehenden Impulse durchgesetzt werden konnten. Ein neuer, finanzialisierter Kapitalismus war entstanden, der die sozialstaatlich integrierte Arbeiterklasse des entwickelten Zentrums in ein neues Proletariat verwandelte. Seine wichtigste Waffe war dabei eine strukturell verfestigte wirtschaftliche Reservearmee. Davon ausgehend entstand eine breite Masse niedrig entgoltener, sozial ungeschützter und instabiler Arbeitsverhältnisse, bei denen zeitlich befristete und scheinselbstständige Kontraktbeziehungen dominieren. Von dieser Entwicklung sind heute nur noch die für die exportorientierten Konzerne unentbehrlichen hoch qualifizierten Kernbelegschaften ausgenommen. Aber selbst sie sind genauso wie die neuen Prekären, Scheinselbstständigen und Unterbeschäftigten dem Stress des Zwangssparens zur Abfederung ihrer Existenzrisiken unterworfen – und damit gleichzeitig den Risiken des Schuldenmachens ausgeliefert. Das war die Kehrseite des neuen Akkumulations- und Regulationsmodells, das ab Mitte der 1990er Jahre wieder steigende Profitraten auswies und im Jahr 2002 nach einer kurzen Krise des Internet-Sektors in eine mehrjährige Boom-Phase eintrat.

Aber auch die Peripherie des Weltsystems war Schauplatz dramatischer Umwälzungen im Verhältnis zwischen Kapital und Arbeit. Auf den Schock der Strukturanpassungsprogramme folgten zu Beginn der 1990er Jahre die Implosion des osteuropäischen RGW-Blocks (»Rat für Gegenseitige Wirtschaftshilfe«) und fünf Jahre später eine Serie neuer Währungs- und Finanzkrisen. Trotzdem blieb der an sich zu erwartende neuerliche Niedergang der Schwellen- und Entwicklungsländer aus. Die herrschenden Klassen der Peripherie hatten aus den rasch aufeinander gefolgten Katastrophen ihre Konsequenzen gezogen. Dabei konnten sie sich vor allem auf jene strategischen Optionen stützen, die die politisch-wirtschaftliche Elite der Volksrepublik China entwickelt hatte, um den Fallstricken der nachholenden und ungleichen Entwicklung zu entgehen. Sie hatte ihre Währung, den Renmimbi, an den US-Dollar gekoppelt und war dazu übergegangen, ihre steigenden Exporte in die USA durch die Aufnahme US-amerikanischer Staatsanleihen und Devisen abzusichern. Die chinesische Nationalökonomie wurde zum größten Gläubiger der Vereinigten Staaten und baute riesige Devisenreserven auf. Sie wurde gegenüber den globalen Währungs- und Kapitalmarktturbulenzen weitgehend immun und konnte ihre technologische Basis verbessern, die in den Joint-Venture-Projekten der Sonderwirtschaftszonen gesammelten Erfahrungen verallgemeinern, den Staatssektor restrukturieren und die sozioökonomische Infrastruktur ausbauen. Das alles geschah zu erheblichen Teilen auf dem Rücken der überausgebeuteten, extrem niedrig entlohnten und rechtlosen Wanderarbeiter sowie zu Lasten des hinterherhinkenden landwirtschaftlichen Sektors und seiner zum Zwangssparen verurteilten Haushalte – eine bedrückende Parallele zum Niedergang der metropolitanen Arbeiterklasse. Auf diese Weise schafften auch China und die dessen Entwicklungsimpulsen folgenden Schwellen- und Entwicklungsländer im Verlauf der 1990er Jahre den Durchbruch zu steigenden Profitraten und zu einem nachhaltigen Aufschwung. Im Gegensatz zu den Ländern der Triade-Region wurden die erwirtschafteten Gewinne überwiegend in die industrielle Basis und die Infrastruktur reinvestiert und generierten hohe Wachstumsraten.

Von der Europäischen Wirtschaftsgemeinschaft zur Europäischen (Währungs-)Union

An diesen globalen Entwicklungen waren die Wirtschaftsnationen West- und Mitteleuropas führend beteiligt. Sechs von ihnen – Frankreich, die Beneluxländer, Italien und die Bundesrepublik Deutschland – hatten sich 1958 zur Europäischen Wirtschaftsgemeinschaft (EWG) zusammengeschlossen, um in Europa endlich Frieden zu stiften. Darüber hinaus neigte sich die Ära der Marshallplan-Darlehen und ihres finanziellen Gegenparts, der Europäischen Zahlungsunion, dem Ende zu. Der wichtigste Vorläufer der EWG war die sechs Jahre zuvor gegründete Europäische Gemeinschaft für Kohle und Stahl, ein politisch verbrieftes »Großraumkartell« der westeuropäischen Montanindustrie. Diese Konstruktion war nun auf die Gesamtwirtschaft ausgedehnt worden. Sie hatte den Unternehmen der Mitgliedsländer durch die Aufhebung der Warenzölle, den Abbau der Kapitalverkehrskontrollen und die Vereinheitlichung der wirtschaftsrechtlichen Bestimmungen neue Expansions- und Verflechtungsmöglichkeiten eröffnet. Ihr politisches Fundament bildete eine strategische Allianz der französischen und westdeutschen herrschenden Klassen: Die EWG sollte den langfristigen Wiederaufstieg des (west-)deutschen Wirtschaftspotenzials absichern, zugleich aber die Entstehung einer deutschen Führungsposition in Europa verhindern. Jedoch stellte das westdeutsche Wirtschaftsmodell das machtpolitische Gleichgewicht der Achse Paris–Bonn von Anfang an in Frage. Der aufgrund des Rüstungsbooms der NS-Ära akkumulierte Kapitalstock war für die westdeutsche Binnenwirtschaft viel zu groß. Die erweiterte Reproduktion der großindustriellen Schlüsselsektoren – Stahlindustrie, Maschinen- und Anlagenbau, Chemische Industrie und Automobilindustrie – schien nur noch gewährleistet, wenn ihre Produkte in steigendem Umfang exportiert wurden. Das setzte die kontinuierliche Drosselung der Arbeitskosten und der binnenwirtschaftlichen Nachfrage voraus, um auf der Basis niedriger Lohnstückkosten und Preise immer größere Auslandsmärkte erobern und durch nachfolgende Kapitalexporte absichern zu können. Diese neomerkantilistische Strategie musste innerhalb der EWG auf mittlere Sicht zu erheblichen Ungleichgewichten führen: Die ständigen westdeutschen Zahlungsbilanzüberschüsse führten bei den weniger wettbewerbsfähigen Mitgliedsländern notwendigerweise zu chronischen Defiziten. Durch den bis 1959 wirksamen Ausgleichsmechanismus der Europäischen Zahlungsunion wurde diese Tendenz zunächst abgeschwächt. Aber schon im Verlauf der 1960er Jahre kam sie deutlich zum Tragen. Allerdings war es der Deutschen Bundesbank aufgrund der hegemonialen Stellung der US-amerikanischen Zentralnotenbank noch nicht möglich, das großindustrielle Export-Dumping durch hohe Zinssätze und die Beschränkung der Geldmenge währungspolitisch abzusichern. Trotzdem avancierte die westdeutsche Währung, die D-Mark, bis Ende der 1960er Jahre zur harten »Ankerwährung« der Europäischen Wirtschaftsgemeinschaft.

Im Kontext des Zusammenbruchs des Bretton-Woods-Systems und der internationalen Währungsturbulenzen von 1971 bis 1973 manifestierten sich die innereuropäischen Ungleichgewichte erstmalig auf dramatische Weise. Die Bundesbank nutzte die jetzt gewonnene Handlungsfreiheit: Sie ließ die D-Mark frei gegen den US-Dollar schwanken und ging zur Hochzinspolitik sowie zur Beschränkung der Geldmenge über. Die Zahlungsbilanzdefizite Frankreichs und Italiens erreichten daraufhin Steigerungsraten, die zum Gegensteuern zwangen und – vor allem im Gefolge der Abwertung der italienischen Lira – die EWG aufzusprengen drohten. Nach schweren Auseinandersetzungen verständigten sich die Exponenten der deutsch-französischen Achse auf eine währungspolitische Kompromisslösung. Sie setzten 1972 in den EWG-Gremien die Etablierung eines Wechselkursverbunds durch, der nur noch Schwankungen der Wechselkurse in einer Bandbreite von jeweils 2,25 % nach oben und unten zuließ, während sich die miteinander verbundenen Währungen gegenüber dem US-Dollar frei bewegen konnten. Da sie sich dabei gegenseitig nachzogen, entstand eine »Währungsschlange«, die die von den USA ausgehende »Große Inflation« nur begrenzt abfederte und das westdeutsche Export-Dumping nur unzureichend abschwächte.

Trotzdem wurde diese Lösung von den Führungsschichten zahlreicher Nachbarstaaten positiv eingeschätzt. Es schien gelungen zu sein, die destruktiven Folgen der expansiven Geldpolitik der US-amerikanischen Hegemonialmacht einzudämmen, ohne auf die in Gestalt des Euro-Dollarmarkts in Gang kommende weltweite Liberalisierung der Kapitalmärkte verzichten zu müssen. Im Jahr 1973 traten Großbritannien, Irland und Dänemark der EWG bei. Dabei war vor allem der britische Beitritt von paradigmatischer Bedeutung, denn dadurch wurde eine von London initiierte Konkurrenzgründung zur EWG, die European Free Trade Association (EFTA), entscheidend geschwächt. Auch in den folgenden Jahren kam es immer wieder zu neuen Beitrittswellen, die das nun als Europäische Gemeinschaft (EG) bzw. als Europäische Union (EU) firmierende und von einer wachsenden Zahl von Wirtschaftsnationen getragene Großraumkartell als expansive Großmacht auswiesen. Das ist erstaunlich, denn es handelt sich bis heute um ein hybrides und instabiles Gebilde, das über keine demokratische Legitimationsbasis verfügt und wesentliche Regulationsfelder – vor allem die Arbeits-, Lohn-, Sozial- und Steuerpolitik – aus dem supranationalen Integrationsprozess ausschließt. 1981 trat Griechenland der EG bei, 1986 folgten Portugal und Spanien. Neun Jahre später schlossen sich die bisherigen EFTA-Staaten Österreich, Schweden und Finnland der Europäischen Gemeinschaft an. Von besonderer Bedeutung war die im Jahr 2004 vollzogene »Osterweiterung«, die auf einen Schlag sieben ostmitteleuropäische Transformationsländer des untergegangenen RGW-Blocks unter das Dach der EU brachte, nämlich Estland, Lettland, Litauen, Polen, Tschechien, die Slowakei und Ungarn; hinzu kamen das 1991 aus der Jugoslawischen Föderation ausgetretene Slowenien sowie an der mediterranen Südgrenze die Inselrepublik Malta und der griechische Teil Zyperns. Zuletzt folgten im Jahr 2007 die südosteuropäischen Länder Bulgarien und Rumänien. Als zweiter ex-jugoslawischer Bundesstaat wird in diesem Jahr (2013) Kroatien aufgenommen, weitere Beitrittskandidaten sind derzeit Island (seit 2009), Makedonien (seit 2005), Montenegro (seit 2010), Serbien (seit 2012) und die Türkei (seit 1999). Dagegen haben ablehnende Referenden in Norwegen und der Schweiz bislang die Aufnahme von Beitrittsverhandlungen verhindert.

Gegen Ende der 1970er Jahre wurde der europäische Integrationsprozess zum zweiten Mal durch weltwirtschaftliche Verwerfungen auf die Probe gestellt. Der Europäische Wechselkursverbund drohte angesichts neuer Währungsturbulenzen auseinanderzubrechen, und die zweite Erdölkrise des Jahrs 1979 hatte zur Folge, dass die wirtschaftliche Stagnation in eine europaweite Rezession umschlug. Erneut wurden die politischen Spitzenakteure der deutsch-französischen Achse aktiv. Sie vereinbarten die Einführung einer gemeinsamen Buchwährung, der European Currency Unit (ECU), die durch einen – dem jeweiligen Wirtschaftspotenzial proportionalen – Währungskorb aller beteiligten Währungen gebildet werden sollte. Gegenüber dieser Verrechnungswährung sollten die Währungen der Mitgliedsländer wie bisher mit einer Bandbreite von maximal 2,25 % nach unten und oben schwanken können. Der Vorschlag wurde im Dezember 1978 vom Europäischen Rat angenommen. Das »Europäische Währungssystem« (EWS) war seit 1979 in Kraft. Da die westdeutsche Nationalökonomie die EG inzwischen währungs- und wirtschaftspolitisch dominierte, avancierte die »Ankerwährung« D-Mark zur faktischen Leitwährung. Was sich bei der Einführung der »Währungsschlange« zu Beginn der 1970er Jahre schon angedeutet hatte, wurde nun endgültig zur vorherrschenden Tendenz: Die Deutsche Bundesbank dominierte mit ihrer Hochzinspolitik und ihrer restriktiven Geldmengenstrategie das Geschehen und zwang den Zentralbanken der Partnerländer ihr Gesetz des Handelns auf. Gleichzeitig war es den anderen Mitgliedsländern nur noch begrenzt möglich, das deutsche Exportpreis-Dumping durch die Abwertung ihrer Währungen zu neutralisieren. Die sich in den Zahlungsbilanzdefiziten manifestierende Verschlechterung ihrer Wettbewerbsfähigkeit konnte nur noch durch die Mobilisierung binnenwirtschaftlicher Instrumente ausgeglichen werden. Zu diesen Hebeln der »inneren Abwertung« gehörten vor allem drastische Lohnsenkungen, die Flexibilisierung der Arbeitsverhältnisse, die Reduktion der Sozialausgaben und die forcierte Besteuerung der Masseneinkommen zur Stabilisierung der öffentlichen Budgets. Die Regierungen der EG-Mitgliedsländer gewichteten diese Möglichkeiten unterschiedlich. Eine erste Welle der Restriktionspolitik hatte in den 1980er Jahren die Europäische Gemeinschaft im Griff. Sie zementierte die in der Stagflationsphase entstandene strukturelle Erwerbslosigkeit und begründete auch in Europa die neue Ära der prekären Arbeits- und Lebensverhältnisse, wie sie sich zu dieser Zeit in der gesamten Triade-Region durchsetzte. Jedoch folgten nicht alle Mitgliedsländer diesen Vorgaben. Einige blieben dem Europäischen Währungssystem fern und forcierten den nachholenden wohlfahrtsstaatlichen Aufbau, so etwa Griechenland. Aber das waren Ausnahmen. Die »innere Abwertung« dominierte. Sie stellte eine spezifisch europäische Variante des weltweiten Angriffs auf die Arbeits- und Lebensbedingungen der Unterklassen dar. Durch sie sollten Ungleichgewichte ausgeglichen werden, die vor allem dadurch entstanden, dass die neomerkantilistische Führungsmacht das durch die Einführung fester und nur begrenzt anpassungsfähiger Wechselkurse begründete Europäische Währungssystem einseitig zu ihrem Vorteil ausnutzte.

Wie weitgehend die Bundesrepublik Deutschland inzwischen den europäischen Integrationsprozess dominierte, zeigte sich zu Beginn der 1990er Jahre auf besonders drastische Weise. Im November 1989 war die Berliner Mauer gefallen. In der Deutschen Demokratischen Republik (DDR) hatte ein umfassender Demokratisierungsprozess begonnen, durch den die Frage einer in mehreren Etappen zu vollziehenden deutsch-deutschen Föderation auf die Tagesordnung gesetzt wurde. Diese Tendenzen zur selbstbestimmten Erneuerung auf gleicher Augenhöhe widersprachen den Intentionen der westdeutschen Herrschaftseliten: Sie wollten das durch die Implosion des RGW-Blocks geöffnete strategische Fenster nutzen, um die DDR schnellstmöglich zu liquidieren und sich ihr Wirtschaftspotenzial einzuverleiben. Das war nur möglich, wenn die vier alliierten Siegermächte zustimmten und die DDR nach dem Inkrafttreten eines De-facto-Friedensvertrags (Zwei-plus-Vier-Vertrag) zu existieren aufhörte. Gleichzeitig musste eine breite Mehrheit der DDR-Bevölkerung für die uneingeschränkte Übernahme des westdeutschen Wirtschaftsmodells gewonnen werden. Das ließ sich am besten dadurch bewerkstelligen, dass die materiellen Voraussetzungen für einen selbstbestimmten Demokratisierungs- und Föderationsprozess zerstört und gleichzeitig durch eine drastische Steigerung der Massenkaufkraft kompensiert wurden. Der wichtigste Hebel dazu war die Währungspolitik: Die DDR-Währung wurde im Verhältnis zur D-Mark so stark aufgewertet, dass die DDR-Wirtschaft schlagartig ihre osteuropäischen Exportmärkte verlor, aufgrund der rasanten Reallohnsteigerungen gegenüber der westdeutschen Konkurrenz wettbewerbsunfähig wurde und die DDR-Bevölkerung bei der Umstellung ihrer Guthaben auf die D-Mark in den Genuss eines erheblichen Kaufkraftzuwachses gelangte. Diese Operation war erfolgreich. Die DDR-Ökonomie ging innerhalb weniger Monate Bankrott. Ihre Staatsbetriebe wurden einer zentralen Privatisierungsanstalt (Treuhandanstalt) übereignet und mit Ausnahme einiger wettbewerbsfähiger Kerne stillgelegt. Parallel dazu traten die neu gebildeten ostdeutschen Bundesländer in die Bundesrepublik Deutschland über.

Die Prozeduren des DDR-Anschlusses machten zeitweilig einen radikalen wirtschaftspolitischen Kurswechsel erforderlich. Die Zerstörung der ökonomischen Substanz und die gleichzeitige Gewinnung der Bevölkerung des Anschlussgebiets waren nur auf der Basis massiver öffentlicher Transferleistungen, einer enormen Ausweitung der Geldmenge und eines gewaltigen Nachfrageschubs möglich. Die Folgen dieses geopolitisch begründeten Rückgriffs auf die Instrumente des keynesianischen Deficit Spending ließen denn auch nicht auf sich warten. Es kam im »wiedervereinigten« Deutschland zu einem markanten Konjunkturschub, während die Staatsverschuldung drastisch in die Höhe schnellte.

Diese Entwicklungen waren in ein europäisches Umfeld eingebettet, das durch starke Stagnationstendenzen geprägt war. Jedoch dachten die deutschen Herrschaftseliten nicht im Geringsten daran, die durch den DDR-Anschluss entstandenen Wachstumsimpulse auf die EG-Ebene zu übertragen und ihre bisherige restriktive Linie zu lockern. Sobald der DDR-Anschluss irreversibel geworden war, erhöhte die Bundesbank ihren Leitzins auf knapp 9 % und würgte die deutsch-deutsche Sonderkonjunktur wieder ab. Auch auf europäischer Ebene hatte dieses Vorgehen weitreichende Folgen. Das Europäische Währungssystem wurde 1992/93 schwer erschüttert. Die Regierungen Italiens und Großbritanniens entschieden sich zum Austritt – Großbritannien für immer. Um die Konstruktion zumindest formal aufrechtzuerhalten, musste die Bandbreite der Wechselkursschwankungen auf 15 % erhöht werden. Gleichzeitig trat die deutsche Nationalökonomie in eine Stagnationsphase ein, die bis zum Beginn des neuen Millenniums andauerte. Infolgedessen kamen viele Beobachter zum Schluss, dass die deutsche Hegemonialstellung trotz ihres enormen Potenzialzuwachses geschwächt sei.

Auch die Entscheidungsträger des französischen Allianzpartners waren dieser Auffassung und unternahmen einen neuen Anlauf zur Eindämmung der deutschen Vormachtstellung. Die Voraussetzungen dazu schienen nicht schlecht: Die französischen Eliten hatten ihre Zustimmung zum

Zwei-plus-Vier-Vertrag von einer weiteren Verdichtung des europäischen Integrationsprozesses abhängig gemacht. Die wichtigsten Instrumente dazu sollte die Währungspolitik bereitstellen. Um den weiteren Ausbau der Europäischen Gemeinschaft zum D-Mark-Block zu verhindern, sollte das Europäische Währungssystem durch die Einführung einer gemeinsamen Währung abgelöst werden, und eine Europäische Zentralbank sollte den wirtschafts- und währungspolitischen Integrationsprozess beschleunigen. Die deutsche Bundesregierung hatte diesen Forderungen zugestimmt, um den DDR-Anschluss nicht zu gefährden, und sich mit dieser Entscheidung über die Bedenken der Bundesbank und der führenden finanz- und wirtschaftspolitischen Beratungsgremien hinweggesetzt.

Tatsächlich neigte sich im Verlauf der 1990er Jahre die Ära des D-Mark-Blocks ihrem Ende zu. Aber es gelang den europäischen Akteuren nicht, die neomerkantilistische Strategie der deutschen Herrschaftseliten zu blockieren und die binneneuropäischen Ungleichgewichte abzubauen. Das von den Beratern des französischen Präsidenten François Mitterrand entwickelte Dreistufenmodell wurde von den deutschen Verhandlungspartnern systematisch zugunsten des Vorrangs ihrer Eigeninteressen ausgestaltet. Sie wollten unter allen Umständen verhindern, dass die deutschen Zahlungsbilanzüberschüsse durch die Verpflichtung zu Transferleistungen an die Defizitländer ausgeglichen werden mussten. Dabei waren sie überraschend erfolgreich, und am Ende zementierten alle drei Integrationsetappen einmal mehr den deutschen Führungsanspruch. Zuerst wurde 1992 der Maastricht-Vertrag zur Gründung der Europäischen Wirtschafts- und Währungsunion verabschiedet: Er verpflichtete alle Mitgliedsländer zu einer restriktiven Geldmengenpolitik, zur Harmonisierung der Wechselkursrelationen und Zinssätze sowie zur strikten Haushaltsdisziplin. In der zweiten Stufe, die zu Beginn des Jahrs 1994 in Kraft trat, wurde die Verpflichtung zu gegenseitigen finanziellen Stabilisierungsmaßnahmen explizit ausgeschlossen und zusätzlich festgelegt, dass die nationalen Zentralbanken keine Kredite mehr an ihre Regierungen vergeben durften. Darauf folgte 1998/99 mit der Gründung der Europäischen Zentralbank (EZB) und der Einführung des Euro – zunächst nur als Buchgeld, seit 2002 dann als Vollwährung – die dritte Stufe. Die EZB stellte eine komplette Kopie der Deutschen Bundesbank dar. Sie ist von der EU-Kommission und allen anderen EU-Gremien unabhängig, zur restriktiven Geldmengenpolitik – mit einem Inflationsziel unter der Grenze von 2 % – verpflichtet und nicht berechtigt, Kredite an die Regierungen der Mitgliedsländer zu vergeben. Damit hatten sich die deutschen Präferenzen für eine exportgetriebene und deflationäre Wirtschafts- und Währungspolitik vollständig durchgesetzt. Dies sollte Europa eine steigende strukturelle Erwerbslosigkeit, wachsende Niedriglohnsektoren und eine stagnierende Binnenwirtschaft bescheren.

Unmittelbar nach der Einführung der europäischen Einheitswährung gingen die deutschen Herrschaftseliten dazu über, die errungenen Vorteilspositionen zu nutzen und auszubauen. Während die Akteure der industriellen Schlüsselsektoren die Arbeitsproduktivität durch umfassende technologische Innovationen steigerten, startete die sozialdemokratisch-grüne Bundesregierung ein beispielloses Programm zum Ausbau der deutschen Wettbewerbsposition auf dem europäischen Binnenmarkt. Sie schnürte ein restriktives Sozialprogramm (»Agenda 2010«) zur beschleunigten Deregulierung der Arbeitsmärkte, zur Einführung eines Niedriglohnsektors und zum Abbau der Sozialleistungen im Bereich der Gesundheits- und Altersversorgung. Auch das soziale Sicherungsnetz zur Vermeidung von absoluter Verarmung und Obdachlosigkeit wurde tiefer gehängt und mit engmaschigen Verfahren zur Arbeitserzwingung (»Hartz IV«) verbunden. Letztlich wurde im Zusammenwirken dieser Maßnahmen der Versuch gestartet, die strukturelle Erwerbslosigkeit mit allen ihren sozialen Folgekosten durch ein arbeits- und sozialpolitisches Regime zu ersetzen, in dem alle Erwerbsfähigen zu extrem schlechten Arbeits- und Entgeltbedingungen ausgebeutet werden können. Das sozialdemokratisch-keynesianische Konzept der Vollbeschäftigung wurde durch ein Modell der allgemeinen Voll-Unterbeschäftigung abgelöst. Dadurch ist es den Technokraten des Neomerkantilismus gelungen, die strukturelle Erwerbslosigkeit einzudämmen und teilweise durch neuartige Formen der niedrigentlohnten Unterbeschäftigung abzulösen, die trotzdem in das – auf Minimalstandards heruntergefahrene – Sozialsystem integriert blieben. Auf diese Weise wurde der deutsche Wettbewerbsvorsprung auf dem europäischen Terrain nun endgültig uneinholbar. Während sich die Arbeitsproduktivität auf ein Niveau von 35 % über dem europäischen Durchschnitt zubewegte, blieben die Lohneinkommen um 50 % darunter. Die Lohnstückkosten sanken infolgedessen derart, dass selbst die Mitbegründer des europäischen Integrationsprozesses – an erster Stelle Italien und Frankreich – weit hinter dem deutschen »Exportweltmeister« herhinkten.

Trotzdem hatte die Einführung des Euro auch Nebeneffekte, die die Europäische Union fürs Erste stabilisierten und ihr sogar einen mehrjährigen Wirtschaftsboom bescherten. Diese Phänomene waren vor allem auf ihre anhaltende territoriale Expansion zurückzuführen. Dabei spielten die »Osterweiterung«, die sukzessive Aufnahme von zuletzt 17 der insgesamt 27 EU-Mitgliedsländer in die Euro-Zone und die Anbindung der übrigen Staaten an den Euro als Leitwährung eine wichtige Rolle. Es kam zu einer massiven Verlagerung der Kapitalbewegungen in die ostmitteleuropäische Peripherie der EU und die Randstaaten der Euro-Zone. In allen diesen Ländern verfügten die Unternehmen, Haushalte und Regierungen plötzlich über eine harte Währung oder waren an den Euro als harte Leitwährung gebunden. Parallel dazu kam es zu massiven Kapitalverflechtungen mit den Großunternehmen der europäischen Kernzone und globalen Investoren. Erhebliche Preis- und Lohnsteigerungen waren die Folge, denen gegenüber die restriktiven Ansätze der Europäischen Zentralbank zunächst versagten. Ein Wirtschaftsboom setzte ein und schien, da er vor allem von den neuen osteuropäischen Ländern und den Peripherieländern der Euro-Zone ausging, die binneneuropäischen Ungleichgewichte allen restriktiven Steuerungsmechanismen zum Trotz zu neutralisieren. Wie sich bald zeigte, war das eine illusionäre Vorstellung. Der Boom wurde vor allem durch eine massive Verschuldung der Unternehmen, Privathaushalte und öffentlichen Budgets getragen. Selbst Millionen von Arbeiterfamilien glaubten, ihre gesunkenen Lohneinkommen und ihre infolge der Privatisierung der öffentlichen Güter und Sozialleistungen gewachsenen Existenzrisiken durch die Aufnahme von Konsumenten- und Hypothekenkrediten ausgleichen zu können. Diese Kalkulation konnte nicht aufgehen.

Die Auswirkungen der Weltwirtschaftskrise und der Übergang zur Austeritätspolitik

Im Verlauf des Jahrs 2007 bereitete die Große Rezession dem Boom ein abruptes Ende. Entgegen der landläufigen Auffassung wurde dieser Umschlag zur Krise keineswegs ausschließlich durch den Kollaps des US-amerikanischen Hypothekensektors ausgelöst, sondern hatte auch hausgemachte Ursachen. Der europäische Kapitalstock wies nach drei Jahrzehnten der Stagnation und der Senkung der

Masseneinkommen gewaltige Überkapazitäten auf. Deshalb waren alle europäischen Wirtschaftsnationen zunächst gleichermaßen betroffen, ganz unabhängig davon, ob sie eine schuldenfinanzierte Entwicklung eingeschlagen oder dem deutschen Modell des Exportpreis-Dumpings gehuldigt hatten. Allerdings knickten die Peripherieländer zuerst ein: Wie in den Vereinigten Staaten brachen in Ostmitteleuropa und in den Peripherieländern der Euro-Zone Irland, Portugal und Spanien die Immobilienmärkte zusammen, gefolgt vom Kollaps der Banken und dem Rückzug der Auslandsinvestitionen. Aufgrund dieser Entwicklung und der rasanten Kontraktion des Welthandels gerieten anschließend auch die Länder der Kernzone in die Krise. Die jährliche Wirtschaftsleistung der Mitgliedsländer schrumpfte um Quoten zwischen 5 und 15 %. Einige Nationalökonomien erholten sich in der zweiten Hälfte des Jahrs 2009 wieder und gingen zur Stagnation über; mehrere Peripherieländer gerieten jedoch in eine schwere Depression, die bis heute anhält. In der zweiten Hälfte des Jahrs 2012 folgte eine neuerliche Rezession, die auch Großbritannien und die meisten Kernländer der Euro-Zone im Griff hat.

Seit der Jahreswende 2007/2008 begannen die ersten Regierungen gegenzusteuern. Im Vordergrund standen Einzelaktionen zur Bankenrettung, die sich wegen des anhaltenden Schwelbrands im Finanzsektor zu umfassenden Stützungsoperationen ausweiteten und Garantiezusagen, öffentliche Darlehen zur Rekapitalisierung der Banken sowie die Gründung von »Bad Banks« zur Übernahme der notleidend gewordenen Kredite umfassten. Teilweise wurden diese Aktivitäten zur Stabilisierung der Finanzarchitektur auch mit antizyklischen Konjunkturprogrammen verknüpft, die Hilfsaktionen zur Stabilisierung der Arbeitslosenversicherung, der Mindestlöhne, der Hypothekenschulden und der Sozialrenten mit Investitionen zur Erneuerung der gesamtwirtschaftlichen Infrastruktur kombinierten. Da die deutsche Bundesregierung supranationale Aktivitäten auf der EU-Ebene ablehnte, bündelte die EU-Kommission diese Initiativen im November 2008 zu einem 200 Milliarden Euro schweren Stimulierungspaket, zu dem sie aus eigenen Mitteln 30 Milliarden Euro beisteuerte. Auch die Europäische Zentralbank kaufte zeitweilig die Staatsanleihen einiger notleidend gewordener Mitgliedsländer auf den Sekundärmärkten auf, und die Europäische Investitionsbank vergab umfangreiche Darlehen nach Ostmitteleuropa, um den dort drohenden Kollaps abzuwenden. Im internationalen Vergleich wirkten die europäischen Antikrisenprogramme jedoch überaus bescheiden. Die deutsche Hegemonialmacht blockierte alle Bestrebungen, mit den USA und Japan gleichzuziehen und ein europäisches Stimulierungspaket aus der Taufe zu heben.

Diese Zurückhaltung ließ nichts Gutes erwarten. Obwohl sich die Lage in Ostmitteleuropa und den Peripherieländern laufend verschlechterte, stellten die europäischen Gremien und die Europäische Zentralbank ihre antizyklischen Aktivitäten ein und schalteten auf einen harten Austeritätskurs um. Den Anfang dazu hatten sie schon im November 2008 gemacht, als sie in Abstimmung mit dem Internationalen Währungsfonds den vom Staatsbankrott bedrohten Ländern Lettland und Ungarn Stützungskredite nur unter harten Sparauflagen gewährten. Im Verlauf des Jahrs 2009 wurden die Regierungen mehrerer Peripherieländer der Euro-Zone ultimativ aufgefordert, ihre nachfrageorientierte Ausgabenpolitik zu stoppen und die Prioritäten zugunsten der Drosselung der Staatsverschuldung umzukehren. Im Herbst 2009 stellte auch die EZB ihre verdeckten Operationen zur Stabilisierung der griechischen Staatsanleihen ein. Die meisten Regierungen gaben diesem Druck rasch nach. Im Januar 2010 vollzog die sozialdemokratische spanische Regierung eine radikale Kehrtwende und proklamierte ein hartes Austeritätsprogramm. Die griechische Regierung folgte zwei Monate später, und auch die britische New-Labor-Administration verschrieb sich einem drastischen Austeritätskurs. Seit dem Frühjahr 2010 gab es innerhalb der Europäischen Union keine Regierung mehr, die es sich leisten konnte, mit Konzepten der antizyklischen Nachfrageausweitung gegenzusteuern. Alle Regime, die sich in der Boomphase dem neomerkantilistischen Diktat der deflationären Exportorientierung durch das Schuldenmachen entzogen hatten, wurden jetzt an den Pranger gestellt. Die Unterklassen und Mittelschichten dieser Wirtschaftsnationen mussten nun büßen: Sie wurden gezwungen, sich innerhalb kürzester Frist den seitens der Führungsmacht entwickelten Konzepten der Arbeits- und Altersarmut, des Sozialabbaus und der Nachfragedrosselung zu unterwerfen.

Die entscheidende Voraussetzung für diese Umlagerung der Krisenkosten bildete der durch den Rückzug der internationalen Anleihe-Gläubiger und Investoren blockierte Zugang der verschuldeten Nationalökonomien auf die freien Obligations- und Kapitalmärkte. Entsprechend dem gegenüber Lettland und Ungarn praktizierten Vorgehen mussten nun auch die Regierungen der Peripherieländer den Gang nach Canossa antreten und bei der EU-Kommission und der EZB um öffentliche Stützungskredite zur Stabilisierung des Bankensektors und der öffentlichen Haushalte nachsuchen. Die holten – wie auch in Lettland und Ungarn geschehen – den Internationalen Währungsfonds mit ins Boot und machten ihre Darlehenszusagen von der Bereitschaft zu umfassenden Strukturanpassungsprogrammen abhängig. Im Mai 2010 unterwarf sich die griechische Regierung einem ersten Austeritätsprogramm, weitere folgten. Im November desselben Jahrs war Irland an der Reihe, im Mai 2011 Portugal. Als Gegenleistung erhielten sie bis heute von der Troika Darlehenszusagen im Umfang von

240 Milliarden Euro (Griechenland), 63,5 Milliarden Euro (Irland) und 78 Milliarden Euro (Portugal). Darüber hinaus stellte die Troika der spanischen Regierung im Juni 2012 nach einer weiteren Verschärfung ihrer Austeritätspolitik Darlehen bis zu einer Obergrenze von 100 Milliarden Euro zur Rettung und Umstrukturierung des Bankensektors in Aussicht, und zuletzt folgte im März 2013 eine Darlehenszusage an Zypern im Umfang von 10 Milliarden Euro. Die dabei statuierten Exempel genügten, um die Regierungen der übrigen überschuldeten Peripherieländer zu eigenständigen Sanierungsprogrammen zu veranlassen. Dabei kam es immer wieder zu Regierungskrisen und Neuwahlen, in Griechenland und Italien wurden im November 2011 auch Finanztechnokraten eingesetzt, die – ohne jegliche politische Legitimation – Übergangsregierungen bildeten.

Auf diese Weise wurden alle überschuldeten Länder der Europäischen Union bzw. der Euro-Zone dem Diktat der Austeritätspolitik unterworfen. Zur Koordination ihrer Aktivitäten gründeten die europäischen Leitungsgremien im Mai 2010 einen vorläufigen Stabilisierungsfonds zur Vergabe der Hilfskredite, der mit insgesamt 750 Milliarden Euro ausgestattet wurde: 60 Milliarden entstammten dem Haushalt der EU-Kommission, 440 Milliarden wurden von einer außerhalb der EU-Statuten gegründeten Zweckgesellschaft beigesteuert, und der Internationale Währungsfonds stellte 250 Milliarden zur Verfügung. Dieser Fonds wurde 2013 durch einen dauerhaften Europäischen Stabilitätsmechanismus (ESM) abgelöst, der über ein gleichgroßes Finanzierungsvolumen verfügt. Von der Wirksamkeit dieses Fonds waren die internationalen Anleihegläubiger und Investoren zunächst wenig überzeugt, denn er schien nicht in der Lage, das Fehlen gesamt-europäisch verbriefter Anleihen und die finanzpolitische Passivstellung der Europäischen Zentralbank auszuglei-chen. Erst als EZB-Chef Mario Draghi im August 2012 erklärte, sein Institut werde die in Schieflage geratenen EU-Mitgliedsländer durch die Aufkäufe ihrer Anleihen in unbegrenzter Höhe unterstützen, geriet die Euro-Krise wie-der aus den Schlagzeilen.

Das Diktat der neomerkantilistischen Kernzone und die Unterwerfung der Peripherie unter die Austeritätsprogramme

Die seit Beginn des Jahrs 2010 gestarteten Austeritätsprogramme haben sich auf die Perspektive der Europäischen Union verheerend ausgewirkt. Sie haben die sozialen Sicherungsnetze und Dienstleistungssysteme der Mitgliedsländer, ohne die keine komplex entwickelte Gesellschaft existieren kann, zerrüttet. Dabei sind die Regierungen unter dem direkten oder indirekten Druck der Einsatzstäbe der Troika (EU-Kommission, EZB und IWF) immer nach dem gleichen Schema vorgegangen. Sie haben mehrjährige Sanierungsprogramme durch die Parlamente gepeitscht, durch die die Ausgaben der öffentlichen Haushalte gedrosselt und ihre Einnahmen erhöht werden sollen. In einem ersten Schritt wurden die Entgelte der öffentlichen Bediensteten gekürzt und mit Massenentlassungen aus allen Bereichen des öffentlichen Sektors – Bildungswesen, Gesundheitswesen, Transportwesen, Sozialdienste usw. – gekoppelt; hinzu kam eine erste Phase der Steuererhöhungen, die sich vor allem auf die indirekten Verbrauchssteuern (Mehrwertsteuer) konzentrierte. Darauf folgte sechs bis neun Monate später eine zweite Serie von »Sparprogrammen«, durch die die bisherigen Maßnahmen verschärft und auf die Bezieher öffentlicher Sozialleistungen (Arbeitslose, chronisch Kranke und Rentner) ausgedehnt wurden. Ein

Jahr später kam es dann zu einer weiteren Verschärfung. Die arbeitsrechtlichen Normen – insbesondere Kündigungsschutz und Tarifautonomie – wurden gekappt, die Mindestlöhne gekürzt, die Entgelte des privaten Sektors an die Lohnsenkungen des öffentlichen Diensts angepasst und die Bezugsrechte von Sozialleistungen durch Hunderte von Einzelmaßnahmen vollends skelettiert. Obwohl die Erwerbslosigkeit weiter in die Höhe schnellte, der Massenkonsum um bis zu einem Drittel zurückging und sich die Krise in mehreren Mitgliedsländern zur Depression vertiefte, werden die Austeritätsprogramme bis heute unbeirrt weiter vorangetrieben. Fast überall, wo wir hinblicken, ist es so: In Großbritannien, Belgien und den Niederlanden, in Italien, Frankreich, im Länderblock Ost- und Südosteuropas sowie in den Peripherieländern der Euro-Zone. Nur in Deutschland ist es vergleichsweise ruhig. Der Grund dafür ist einfach: In Deutschland wurden die Austeritätsprogramme schon in den ersten Jahren des neuen Millenniums im Rahmen der »Agenda 2010« und der Hartz-Gesetze vorweggenommen. Die deutsche Regierung sah infolgedessen nur wenig Handlungsbedarf: Sie stockte die Zahlungen für Kurzzeitbeschäftigte auf und ermöglichte es dadurch den Unternehmensleitungen, ihre Kernbelegschaften zusammenzuhalten. Darüber hinaus widmete sie sich der Aufgabe, eine detailgetreue Kopie der »Agenda 2010« – man denke nur an die Programmierung der Altersarmut oder an die Erhöhung des Renteneintrittsalters auf 67 Jahre – auf der gesamteuropäischen Ebene durchzusetzen.

Mit ihrem Kurswechsel zur Austeritätspolitik verfolgen die Akteure der europäischen Entscheidungszentren zwei Ziele. Sie wollen erstens verhindern, dass die auf die Staatshaushalte übertragenen Kosten zur Rettung der Finanzarchitektur anschließend durch Schuldenschnitte oder andere Kompromisslösungen zwischen den Gläubigern und den Schuldnern geteilt werden. Dieses Phänomen ist in der bisherigen Finanzgeschichte des Kapitalismus neuartig: Seit dem 14. Jahrhundert wurden bei staatlichen Entschuldungsoperationen immer auch die Zeichner der öffentlichen Anleihen – oft sogar überwiegend – zur Kasse gebeten. Jetzt aber werden ausschließlich die Steuerzahler und Bezieher öffentlicher Sozialtransfers geschröpft. Dagegen können die Gläubiger der überschuldeten Staatshaushalte mit der uneingeschränkten Bedienung ihrer Verzinsungs- und Tilgungsansprüche rechnen, obwohl sie selbst die Schieflage der öffentlichen Budgets verursacht hatten. Eine derart einseitige Bevorteilung ist in der Tat singulär. Sie beweist die Entstehung einer global operierenden Klasse von Kapitalvermögensbesitzern, die sich die herrschenden Eliten der Weltinstitutionen, Wirtschaftsblöcke und Nationalökonomien dienstbar gemacht hat. Aufgrund dieser Verschiebungen im ökonomischen Machtgefüge des Weltsystems ist es jetzt so weit gekommen, dass die subalternen Klassen ganzer Wirtschaftsnationen zusätzlich zur individuellen Exploitation ihrer Arbeit im Produktionsprozess auf der Ebene ihrer gesellschaftlichen Reproduktionsbedingungen kollektiv ausgebeutet werden. Aus ihnen werden durch die Austeritätsprogramme zusätzliche Abgaben herausgepresst und über die öffentlichen Haushalte an die Anleihegläubiger transferiert. Dieses ungeheuerliche Geschehen wird durch die absurde Behauptung, die Staats-schulden seien die Krisenursache, und ihr Abbau sei der entscheidende Ansatz zur Krisenüberwindung, gerechtfertigt. Die plumpe Verkehrung von Ursache und Wirkung scheint zu genügen, um den rigorosen Umverteilungsmechanismus der Austeritätsprogramme medienwirksam abzusichern.

Den zweiten zentralen Ansatz der Austeritätsprogramme bildet das Verhältnis zwischen Arbeitsentgelten und Arbeitsleistung (die sogenannten Lohnstückkosten). Vor allem die seit der Jahreswende 2011/2012 durchgesetzten Maßnahmen verfolgen das Ziel, die Lohnstückkosten der europäischen Peripherieländer so weit zu reduzieren, dass sie zu den niedrigen Arbeitskosten der Wirtschaftsnationen der Kernzone – insbesondere Deutschlands – aufschließen. Um dies zu gewährleisten, werden zusätzlich die öffentlichen Sektoren privatisiert und durchrationalisiert, soweit dies nicht schon vor Krisenbeginn der Fall war. Damit ist klar: Die Austeritätsprogramme haben die zusätzliche Aufgabe, das Wirtschaftsmodell der deutschen Hegemonialmacht unter Ausnutzung der aktuellen Krisensituation innerhalb kürzester Frist europaweit durchzusetzen. Tatsächlich sinken die Lohnstückkosten in den Staaten der »Osterweiterung« und den Peripherieländern der Euro-Zone seit 2011/2012 deutlich. Vor Krisenbeginn hatte ihr Abstand zur Kernzone zwischen 30 und 35 % betragen. Er hat sich inzwischen auf 20 bis 25 % verringert, und einigen EU-Ländern sind erhebliche Exportsteigerungen gelungen, die vor allem von Drittländern aufgenommen werden. Dadurch verbessert sich ihre gesamtwirtschaftliche Lage jedoch keineswegs, eher ist das Gegenteil zu beobachten. Wenn in Griechenland, Portugal oder Spanien derzeit die Arbeitskosten sinken, dann kommen darin in erster Linie der weitere Rückgang der wirtschaftlichen Gesamtleistung und der Anstieg der Erwerbslosenquote zum Ausdruck. Darüber hinaus erweist sich der Anstieg der Exporte im EU-Kontext als Bumerang. Im Vergleich zu den Ländern der Kernzone ist die industrielle Produktionsbasis der Peripherieländer schmal; sie hat sich aufgrund der ungleichgewichtigen Entwicklung der letzten dreißig Jahre sogar ständig verringert. Infolgedessen müssen diese Wirtschaftsnationen ihre Einfuhren von Gütern und Dienstleistungen überproportional steigern, wenn sie verstärkt exportieren wollen. Dafür fehlen aber auf europäischer Ebene die Rahmenbedingungen. Unter den gegebenen strukturellen Voraussetzungen gleicht deshalb jeder Versuch, sich das deutsche Wirtschaftsmodell zu eigen zu machen, dem bekannten Wettlauf zwischen

Hase und Igel. Selbst Italien und Frankreich, die beiden wichtigsten Mitbegründer des europäischen Integrationsprozesses, sind inzwischen weit zurückgefallen. Ihre Versuche, den Vorsprung des hoch entwickelten und ständig erneuerten deutschen Kapitalstocks durch gezielte Exportprogramme oder die Internationalisierung der in den neuen Industrial Districts zusammengefassten Kleinunternehmen auszugleichen, konnten den Abstand nur unwesentlich verringern.

Die Lage ist in der Tat so, wie sie kürzlich ein hochrangiger deutscher EU-Funktionär in interner Runde beschrieben hat: Die Europäische Union ist einer Fußballliga vergleichbar, in der der nie einzuholende Spitzenreiter die Spielregeln vorgibt und über das Ranking der übrigen Mannschaften entscheidet. Alternative Konzepte werden nicht zugelassen. Der Neomerkantilismus ist auf eine politisch-ökonomische Herrschaftsstruktur angewiesen, die transnationale Kooperation prinzipiell ausschließt und darauf ausgelegt ist, Ungleichgewichte zu erzeugen und ständig zu vertiefen.

Europa als Epizentrum der globalen Stagnation

Inzwischen ist Europa zum Epizentrum der globalen Stagnation geworden: Die Europäische Union ist der einzige Wirtschaftsblock des Weltsystems, der sich seit dem Jahr 2012 erneut in der Rezession befindet. Dabei sind sich die meisten Beobachter in der Auffassung einig, dass die Austeritätsprogramme die Krise verschärfen, die Weiterexistenz der EU – und insbesondere der Euro-Zone – aufs Spiel setzen und den globalen Erholungsprozess verlangsamen. In der Tat sprechen die neuesten statistischen Daten eine deutliche Sprache. Die europäische Industrieproduktion ist seit Krisenbeginn um 10 % geschrumpft, und Lohnsenkungen, Massenerwerbslosigkeit und Budgetkürzungen haben zu einem lang anhaltenden Rückgang der effektiven Nachfrage geführt. Entsprechend sind die Importe aus Übersee zurückgegangen. Darunter haben vor allem die Nationalökonomien der Schwellen- und Entwicklungsländer, aber auch die anderen Partner der Triade-Region – die Vereinigten Staaten und Japan – zu leiden. Der Welthandel stagniert wieder, nachdem er sich 2010/2011 leidlich erholt hatte. Das chinesische Wirtschaftswachstum hat mit derzeit 7,4 % jährlich das niedrigste Niveau seit dem Frühjahr 2009 erreicht. Japan beginnt sich allmählich aus der Rezession herauszuarbeiten, in die es nach der Katastrophe von Fukushima erneut geraten war. Dagegen befindet sich die US-Ökonomie mittlerweile auf einem deutlichen Erholungskurs. Die industriellen Kapazitäten sind allerdings noch lange nicht ausgelastet. Die hohen Gewinne, die die US-Unternehmen inzwischen wieder erzielen, resultieren vor allem aus den anhaltend niedrigen Löhnen, die mit der rasch ansteigenden Arbeitsproduktivität nicht Schritt halten.

Mit ihrer einseitigen Austeritätspolitik stehen die europäischen Entscheidungszentren allein auf weiter Flur. Die Europäische Zentralbank hat sich zwar mittlerweile dem deutschen Dogma des Kreditverbots und der Hochzinspolitik ein Stück weit entzogen, um den im Sommer 2012 drohenden Zusammenbruch der Euro-Zone abwenden zu können. An den Fundamenten der prozyklischen Austeritätspolitik hat sich jedoch nichts geändert, und auch der Europäische Stabilitätsmechanismus hat nur die Funktion, die durch die Spardiktate erzwungenen Umverteilungsmechanismen von unten nach oben zu verstetigen. Der Übergang in eine lang anhaltende Depression ist infolgedessen nach wie vor möglich. Ein Ausweg wäre unter den gegebenen Rahmenbedingungen nur denkbar, wenn eine bahnbrechende technologische Basisinnovation eingeführt würde, die einen massiven Wachstumsschub auslöst, oder wenn sich die Weltwirtschaft derart rasant erholen würde, dass sich nachhaltige neue Exportperspektiven eröffneten. Das aber sind spekulative und wenig realistische Erwartungen. Genau von diesen Illusionen aber scheinen die EU-Gremien auszugehen, wie ihre neuesten Aktivitäten zur Intensivierung der Technologiepolitik zeigen.

Auch in den Vereinigten Staaten, Japan und den führenden Schwellenländern wird die Technologiepolitik inzwischen deutlich forciert. Aber diese Initiativen sind in gänzlich andere makroökonomische Rahmenbedingungen eingebettet. Den wirtschaftspolitischen Regulationsbehörden der Volksrepublik China ist es beispielsweise gelungen, den Rückgang der Zahlungsbilanzüberschüsse durch die Ankurbelung der Binnennachfrage und die Ausweitung der öffentlichen Infrastrukturinvestitionen auszugleichen, und die meisten Regime des globalen Südens folgen dieser Generallinie. Die Obama-Administration setzt hingegen im Zusammenwirken mit der Federal Reserve weiterhin auf eine uneingeschränkt schuldenfinanzierte Krisenüberwindung, indem sie die Geldmärkte weiter flutet, die Zinssätze gegen null hält und gezielte Stimulierungsprogramme auflegt. Das kann sie sich auch problemlos leisten, denn der US-Dollar ist nach wie vor die dominierende Weltreservewährung, und seine andauernde Abwertung erleichtert die Refinanzierung der nach wie vor gigantischen US-amerikanischen Haushaltsdefizite. Auch die Akteure der japanischen Wirtschaftspolitik verfolgen diesen Kurs. Die Bank of Japan ist zum uneingeschränkten Ankauf von Staatsanleihen und Wertpapieren übergegangen, um die Exportchancen durch eine systematische Abwertung des Yen zu verbessern. Parallel dazu wurde inzwischen auch ein weiteres massives Stimulierungsprogramm aufgelegt.

Bei allen diesen strategischen Optionen handelt es sich um systemimmanente Versuche, die Stagnation zu überwinden und eine neue weltwirtschaftliche Wachstumsperiode in Gang zu bringen. Sie demonstrieren einen enormen Variantenreichtum des Vorgehens, wobei die Balance zwischen den Eigeninteressen der Nationalökonomien und Wirtschaftsblöcke und ihrer weltwirtschaftlichen Kooperationsbereitschaft recht unterschiedlich zu gewichten ist. Es geht uns jedoch nicht darum, sie nach diesen oder anderen Kriterien zu bewerten, da wir nicht an einer möglichst reibungslosen Wiederherstellung der globalen Dynamik interessiert sind, sondern stattdessen ihre Überwindung anstreben. Trotzdem muss festgehalten werden, dass der europäische Modus des politisch-ökonomischen Krisenmanagements die am wenigsten kooperative Variante darstellt. Er ist darüber hinaus mit einer besonders kompromisslosen Übertragung der Krisenkosten auf die subalternen Klassen verknüpft.

Wie konnte es geschehen?

Bislang haben wir die Vorgeschichte und die aktuelle Entwicklung der Krise Europas aus der wirtschaftspolitischen Perspektive betrachtet. Wir haben herausgearbeitet, wie aus dem Großraumkartell der westeuropäischen Wirtschaft ein hybrides Gebilde entstand, das wesentliche sozialökonomische Felder aus dem transnationalen Integrationsprozess ausschloss und infolgedessen eine demokratisch legitimierte politische Verankerung unmöglich machte. Die strategische Allianz der französischen und deutschen Herrschaftseliten bildete ihr entscheidendes Fundament. Aber diese Grundlage geriet im Verlauf des Wiederaufstiegs der westdeutschen Wirtschaft zunehmend in eine Schieflage und machte einem asymmetrischen Kräfteverhältnis Platz. Diese Entwicklung war der Logik des deutschen Neomerkantilismus geschuldet. Die überakkumulierte deutsche Produktionsbasis konnte dauerhaft nur gesichert werden, wenn sie auf ständig wachsende Waren- und Kapitalexportmärkte zurückgreifen konnte, auf denen der in Deutschland produzierte Mehrwert realisiert und reinvestiert werden konnte. Dafür nutzten die deutschen Wirtschaftseliten den europäischen Binnenmarkt als Sprungbrett, um die dort erzielten Extraprofite zur weltweiten Expansion einzusetzen. Diese Sprungbrettfunktion wurde durch niedrige Lohnstückkosten und entsprechend niedrige Preise gesichert. Die europäischen Partner des Integrationsprozesses standen infolgedessen vor der Alternative, das deutsche Wirtschaftsmodell nachzuahmen oder den deutschen Wettbewerbsvorsprung währungspolitisch auszugleichen. Es kam zu einer makroökonomischen Polarisierung des Integrationsprozesses. Die Beneluxländer, die skandinavischen EG-Länder und später Österreich – sowie indirekt auch die Schweiz – sicherten sich Nischenpositionen an der Seite des deutschen Neomerkantilismus. Ihnen stand der Block der Defizit- und Abwertungsländer gegenüber: Er wurde bis in die 1980er Jahre von Italien angeführt und durch die späteren Peripherieländer der Euro-Zone gestützt. Frankreich und Großbritannien changierten zwischen diesen beiden Polen und suchten die sich vertiefenden Ungleichgewichte auszugleichen. Ihre Option scheiterte endgültig im Verlauf der 1990er Jahre, als Deutschland nach dem DDR-Anschluss zur unangefochtenen Hegemonialmacht Europas aufrückte. Die Weichen dazu waren aber schon in den 1970er Jahren gestellt worden. Die Vordenker der deutschen Wirtschafts-, Finanz- und Geldpolitik nutzten die globalen Währungs- und Preisturbulenzen zur Durchsetzung eines festen Wechselkursregimes und verknüpften es ab 1992 mit einer restriktiven Fiskalpolitik. Zu Beginn des neuen Millenniums kam es schließlich zur Einführung einer Einheitswährung, die wie ein auf das EU-Territorium heruntergebrochenes Gold-Standard-System konstruiert ist. Aber erst im Verlauf der aktuellen Weltwirtschaftskrise konnten diese restriktiven, auf einer Strategie der konstanten Unterbeschäftigung begründeten Rahmenbedingungen uneingeschränkt auf die Nationalökonomien der bisherigen Defizitländer übertragen werden: Die seit dem Frühjahr 2010 praktizierten Austeritätsprogramme signalisieren eine Verschärfung der Asymmetrie und die ausschließliche Dominanz des deutschen Wirtschaftsmodells innerhalb der Europäischen Union.

Europa: Imperialistische Supermacht unter deutscher Hegemonie

Diese Vormachtstellung konnte der von Deutschland angeführte neomerkantilistische Block nur deshalb erringen, weil er immer wieder auch die strategischen Interessen der Defizitländer bediente. Das war insbesondere seit dem Ende der 1960er Jahre der Fall, als das gaullistische Frankreich gegen die privilegierte Stellung der Weltreservewährung revoltierte und die Goldeinlösungspflicht des US-Dollars herausforderte. Hierfür hielt die Deutsche Bundesbank ein strategisches Konzept bereit, das seit Beginn der 1970er Jahre umgesetzt wurde und das sich formierende Europa ein Stück weit von der weltweiten »Großen Inflation« fernhielt. Ein ähnlicher Prozess wiederholte sich dann zu Beginn der 1990er Jahre: Europa war in Gefahr, bei dem von den USA angeführten Wettlauf um die ökonomischen Potenziale und Zukunftsmärkte des zusammengebrochenen »Realsozialismus« ins Hintertreffen zu geraten. Zwar wurden diese Ereignisse durch den westdeutschen »Sonderweg« des DDR-Anschlusses überschattet, aber auch hier zeigen die inzwischen zugänglich gewordenen Dokumente, dass sich das deutsch-französische Zweckbündnis rasch konsolidierte und die Einflussnahme der Vereinigten Staaten auf Ost- und Südosteuropa abschwächte. Diese Beispiele demonstrieren, wie eng die Ökonomik des europäischen Integrationsprozesses mit den »exogenen« Faktoren der Machtpolitik verbunden ist. Wer vom Neomerkantilismus spricht, sollte folglich über seine klassisch-imperialistische Überbauung nicht schweigen. Das Wissen um diese Zusammenhänge ist für die kritische Durchleuchtung des europäischen Integrationsprozesses unerlässlich. Sie sollen im Folgenden anhand dreier herausragender Beispiele aufgezeigt werden: Der EU-Strategie der »Osterweiterung«, dem Krieg gegen

Jugoslawien und dem Schengener Abkommen zur Sicherung der Außengrenzen Europas.

Die Ostexpansion

Als die ungarische Regierung im Frühsommer 1989 ihre Grenze zu Österreich gegen einen westdeutschen Sonderkredit öffnete, war dadurch nicht nur das Schicksal der DDR, sondern auch der gesamten sowjetischen Einflusssphäre besiegelt. In den folgenden Monaten kam eine Niedergangsphase zum Abschluss, die eng mit der globalen Krisenentwicklung der 1970er Jahre verknüpft war. In den Jahren 1975/76 hatte die sowjetische Regierung den Transfer-Rubel-Preis ihrer Erdöl- und Erdgaslieferungen an die extrem gestiegenen und in US-Dollar notierten Weltmarktpreise angeglichen, um ihre Zahlungsbilanzdefizite auszugleichen und ihre binnenwirtschaftlichen Strukturprobleme in den Griff zu bekommen. Dadurch hatte sie die ostmitteleuropäischen Nationalökonomien, die ihre Maschinen und industriellen Verarbeitungsprodukte im Rahmen des Rats für Gegenseitige Wirtschaftshilfe gegen sibirische Industrie- und Energierohstoffe tauschten, in eine schwere Zwangslage gebracht. Ihre auf der vorrangigen Entwicklung der Schwerindustrie begründete und zudem untereinander völlig unkoordinierte Strategie der nachholenden Entwicklung war in Frage gestellt. Ein rascher wirtschaftspolitischer Kurswechsel war jedoch ausgeschlossen: Die Weltmarktpreise für industrielle Zwischen- und Fertigprodukte verfielen und machten alternative Exportpräferenzen unmöglich, und der Anschluss an die sich anbahnenden technologischen Innovationen der Computer-Ära war wegen der Abschottung des militärisch-industriellen Komplexes und des westlichen Technologie-Embargos ausgeschlossen. Darüber hinaus hatten die ostmitteleuropäischen Plan-Bürokratien die industrielle Entwicklung mehr oder weniger weitgehend mit billigen westlichen Krediten finanziert, deren – durch den Internationalen Währungsfonds überwachte – Verzinsung im Gefolge der »Großen Inflation« rasch anstieg. Um die wachsenden Schulden bedienen zu können, wurden Austeritätsprogramme gestartet, deren soziale Folgen durch die zunehmende Tolerierung privater und informeller Wirtschaftssektoren abgefedert wurden. Infolgedessen hatten sich ökonomische Mischstrukturen entwickelt, die die planwirtschaftlichen Steuerungsinstrumente zunehmend aushöhlten.

Im Verlauf der 1980er Jahre war die Situation schließlich ausweglos geworden. Das Konzept der Führungsschichten der »Volksdemokratien«, ihre autoritär-hierarchischen Herrschaftsstrukturen durch wachsenden Wohlstand zu legitimieren, war gescheitert. Dies hatte sie schließlich zur Tolerierung weitreichender Alternativansätze veranlasst, die eine nachhaltige Effizienzsteigerung versprachen. In den zentralen Wirtschaftsinstituten und Wissenschaftsakademien hatten sich marktradikale Denkrichtungen entwickelt, die allerdings im Gegensatz zur Entwicklung im Westen auf ihre große Stunde warten mussten. Parallel dazu hatte sich die neue Heilslehre auch in den Oppositionsbewegungen breit durchgesetzt: Die uneingeschränkte Weltmarktöffnung, die Privatisierung des Staatseigentums und die Entwicklung freier Arbeits- und Kapitalmärkte waren zu wesentlichen Bestandteilen ihrer Demokratisierungsprogramme aufgerückt.

Infolgedessen betraten die Akteure des westlichen Marktradikalismus keinesfalls Neuland, sobald ihnen der politische Dammbruch den Weg in den Osten öffnete. Schon in den Wochen des politischen Umsturzes nahmen sie Kontakt mit der neoliberalen Nachwuchsgeneration der ostmitteleuropäischen Ökonomen auf, die gerade die wirtschaftspolitischen Schlüsselpositionen besetzten. Dabei machten vor allem einige US-amerikanische Chefberater das Rennen, die schon in den 1980er Jahren im Auftrag des Internationalen Währungsfonds die Interessen der internationalen Kreditgeber vertreten hatten. Unter ihrem maßgeblichen Einfluss traten seit Beginn des Jahrs 1990 Austeritätsprogramme in Kraft, die einer Tabula-rasa-Politik gleichkamen und die ostmitteleuropäischen Gesellschaften in den Abgrund stürzten. Dabei agierten Polen und Ungarn, die am höchsten verschuldeten Wirtschaftsnationen, als Taktgeber der »Schocktherapie«; die übrigen Transformationsländer folgten ihren Vorgaben. In rasantem Tempo wurden die Ersparnisse der Bevölkerung durch eine Hyperinflation vernichtet, ein Drittel der Werktätigen auf die Straße geworfen, die Löhne der weiter Beschäftigten um 30 % gekürzt, die Industrieproduktion zeitweilig um bis zu 60 % zurückgefahren und ein Viertel des Kapitalstocks geschleift. Häufig landete die Hälfte der Bevölkerung als entwertete und überschüssig gewordene Surplus-Population in der Massenarmut. Das war der soziale Preis für die abrupte Beseitigung der Lebensmittelsubventionen und Sozialsysteme, die Aufhebung des Außenhandelsmonopols und die schlagartige Weltmarktanbindung der Nationalökonomien. Zehntausende Staatsbetriebe wurden liquidiert und die rentablen Filetstücke zur Privatisierung vorbereitet. Neue Arbeitsmärkte wurden aus dem Boden gestampft. Sie zwangen der über Nacht entstandenen industriellen Reservearmee die Hinnahme prekärer und miserabel entlohnter Beschäftigungsverhältnisse auf, die zur Existenzsicherung nicht mehr ausreichten.

Um die Jahreswende 1992/93 neigten sich die Schocktherapien ihrem Ende zu. Der Neuaufbau konnte beginnen. Da es den Führungsschichten der osteuropäischen Nationalökonomien – im Gegensatz zur sowjetischen politischen Elite – nur begrenzt gelungen war, sich in den Privatisierungswettlauf einzuschalten, standen die Türen für ausländische Investoren weit offen. Um die großen Schlüsselunternehmen wurde oft jahrelang gefeilscht, am Ende erwarben die kerneuropäischen Branchenführer die Mehrheitsbeteiligungen und machten sie für die Weltmarktkonkurrenz fit. Neue Industrie-Cluster entstanden, so etwa im Mehrländereck der Westslowakei, wo die europäischen und ostasiatischen Autokonzerne neue Formen der Zusammenarbeit erprobten. Auch der Finanzsektor geriet fast vollständig unter ausländische Kontrolle. Österreichische, deutsche, belgische, niederländische, italienische und schwedische Großbanken brachten bis zu 90 % der jeweiligen Bankensektoren in ihren Besitz.

Darüber hinaus zeichnete sich die Ostexpansion durch eine bemerkenswerte Arbeitsteilung aus. Die USA und die durch sie beherrschten Weltinstitutionen stellten die Weichen zur raschen und irreversiblen Umwälzung der makroökonomischen Rahmenbedingungen und sicherten das neu gewonnene Terrain auch geostrategisch-militärisch ab. Die Kontrolle über den ökonomischen Neustart blieb dagegen weitgehend den multinationalen Unternehmen mit kerneuropäischen Hauptstandorten vorbehalten. Um diesen Prozess zu verstetigen und die Entwicklung an die strategischen Dispositive der Europäischen Union anzupassen, mussten die osteuropäischen Nationalökonomien auch institutionell auf den »Weg nach Europa« gebracht werden. Dieser Weg wies zunächst die typischen Merkmale einer peripher-kapitalistischen Entwicklung auf: Der Außenhandel konzentrierte sich zunehmend auf den europäischen Binnenmarkt und reproduzierte die Kern-Peripherie-Beziehungen der globalen Wertschöpfungsketten auf dem europäischen Terrain. Osteuropa erhielt die Rolle einer verlängerten Werkbank der Europäischen Union zugewiesen, was jedoch eine langfristige Überwindung des peripheren Status nicht grundsätzlich ausschloss. Diese Perspektive des Großhungerns wurde zum entscheidenden Lockmittel, das die EU-Integration attraktiv machte. Schon 1993 legte der Europäische Rat die Bedingungen der Aufnahmeprozedur fest, die für eine Mitgliedschaft erfüllt werden mussten. Vier Jahre später startete die EU-Kommission großangelegte Schulungsprogramme, um den Integrationsprozess durch die Ausbildung zehntausender loyaler osteuropäischer Funktionsträger unumkehrbar zu machen. Um die Jahrtausendwende folgten dann die formellen Aufnahme-Screenings der in zwei Gruppen (»Luxemburg-Gruppe«, »Kopenhagen-Gruppe«) aufgespaltenen Beitrittskandidaten, die 2004 zusammen mit Slowenien und den mediterranen Aspiranten Malta und Zypern in die EU aufgenommen wurden. Einige Jahre später schafften Estland, die Slowakei und Slowenien überdies auch den Zugang zur Euro-Zone.

Die Sogwirkung des Integrationsprozesses war enorm. Er führte dazu, dass hunderttausende Existenzgründer und Privathaushalte die lange Etappe des Großhungerns mit allen nur erdenklichen Mitteln abzukürzen versuchten. Den entscheidenden Hebel dazu stellten die Banken bereit. Da die Zinssätze der Beitrittsländer wegen ihrer chronischen Zahlungsbilanzdefizite und der nach wie vor grassierenden Inflation sehr hoch waren, nahmen die Unternehmen und Familienhaushalte ihre Kredite überwiegend in Fremdwährungen auf, die wesentlich niedrigere Zinssätze auswiesen, insbesondere in Schweizer Franken. Für sie begann mit der Großen Rezession von 2007/2008 ein böses Erwachen. Der osteuropäische Hypotheken- und Kreditboom brach – wenn auch unter etwas anderen Voraussetzungen als in den Peripherieländern der Euro-Zone – zusammen. Die Zentren des Finanzsystems, die kerneuropäischen Großbanken, waren akut gefährdet. Deshalb initiierten die europäischen Regulationsbehörden nach der Abwendung der Staatsbankrotte in Lettland und Ungarn umfassende Stützungsoperationen zur Stabilisierung ihres neu gewonnenen Hinterlands. Die gleiche Großmut wollten die Finanzminister der Kernzone indessen gegenüber den Euro-Peripherieländern nicht gelten lassen. Erst nach schweren Auseinandersetzungen gelang es den durch Frankreich und Italien vertretenen Protagonisten der »Süd-Gruppe«, den Repräsentanten der Kernzone unter Verweis auf ihre vergleichsweise generöse »Osthilfe« die Gründung des Europäischen Stabilitätsmechanismus und die Wiederaufnahme der EZB-Aktivitäten zugunsten der südlichen Peripherieländer abzutrotzen.

Der Krieg gegen Jugoslawien

Zum strategischen Fenster der Ostexpansion, das sich 1989/90 öffnete und der Europäischen Union den Weg zur imperialistischen Großmacht frei machte, gehörte auch Jugoslawien. Die multiethnische Sozialistische Föderation war noch früher als Polen und Ungarn in die Fallstricke der internationalen Schuldenpolitik geraten. Ihr Entwicklungsprogramm unterschied sich von denjenigen der osteuropäischen Nationalökonomien durch ein hohes Ausmaß an Arbeiterkontrolle und regionaler Selbstverwaltung, und es nahm auf die Besonderheiten der teilweise vergesellschafteten und teilweise noch subsistenzorientierten ökonomischen Strukturen Rücksicht. Das bewahrte Jugoslawien jedoch nicht im Geringsten vor den Konsequenzen der weltwirtschaftlichen Verwerfungen der 1970er Jahre. Sein Schuldendienst war proportional größer als in Osteuropa, und neben den Tilgungsterminen begannen die steigenden Zinssätze die Einkünfte der Föderation aufzufressen. Allein zwischen 1981 und 1987 mussten 30 Milliarden US-Dollar mobilisiert werden. Der Zugang zu den renditeträchtigen Weltmärkten war jedoch durch die kerneuropäische und südostasiatische Dumping-Konkurrenz versperrt. Infolgedessen musste unter dem Druck der IWF-Aufseher jeder US-Dollar aus den Subsistenzdörfern und den selbstverwalteten Betrieben herausgepresst werden. Bis Ende der 1980er Jahre sanken die Realeinkommen um 40 %. Die Föderation durchlief nach Jahrzehnten des stabilen und gleichgewichtigen Wachstums einen dramatischen Verarmungsprozess, der sich auf die sechs Bundesstaaten sehr unterschiedlich verteilte. Die Ungleichgewichte zwischen den am weitesten entwickelten Nordwest- und Adria-Republiken (Slowenien und Kroatien) und den übrigen Bundesstaaten (Serbien, Bosnien-Herzegowina, Montenegro und Makedonien) vertieften sich.

Anfänglich hatten die Führungsgruppen der Föderation versucht, auf die Krisenfolgen durch eine weitere Dezentralisierung der politischen, wirtschaftlichen und militärischen Machtstrukturen zu antworten. Dieser im Jahr 1974 vollzogene Schritt hatte jedoch fatale Folgen. Je mehr sich die sozioökonomischen Ungleichgewichte vertieften, desto wichtiger wurden die föderativen Zentralfonds des Finanzausgleichs. Das aber lief den nun auch verfassungsrechtlich verbrieften Eigeninteressen der Geber-Republiken zuwider. Slowenien und Kroatien kündigten seit Beginn der 1980er Jahre den föderativen Konsens zunehmend auf und begannen, ihren Zahlungsstreik ethnopolitisch zu untermauern. Die durch Serbien angeführte Nehmer-Gruppe reagierte mit den ihr zur Verfügung stehenden Gegenmaßnahmen, insbesondere mit Importverboten. Es entwickelte sich ein regelrechter Wirtschaftskrieg, der vor allem die Nehmer-Gruppe schwächte und von den verarmten Unterklassen mit Massenstreiks und Sozialrevolten beantwortet wurde. Schließlich zog auch die serbische Führung zu Zwecken der Machterhaltung die ethnopolitische Karte. Zwischen 1985 und 1989 schlug der innerjugoslawische Wirtschaftskrieg in eine hypernationalistische Konfrontation um, die den Fortbestand der Föderation akut gefährdete.

In dieser dramatischen Situation startete die Föderationsregierung 1989 unter der Supervision von IWF-Experten ein radikales Austeritäts- und Privatisierungsprogramm, das die »Schocktherapien« Ostmitteleuropas und schließlich auch Russlands exakt vorwegnahm. Damit goss sie Öl ins Feuer. Slowenien und Kroatien lehnten das Programm ab, im Verlauf des Jahrs 1990 ging auch die serbische Milosević-Regierung zum Boykott über. Die inzwischen allseits betriebene Ethnisierung der sozialen Krisenfolgen beschleunigte sich. Schließlich machten Slowenien und Kroatien den nächsten Schachzug und erklärten im Juni 1991 ihren Austritt aus der Föderation. Ein knappes Jahr später folgte auch das multiethnische Bosnien-Herzegowina. Entsprechende Sezessionsbewegungen der mehrheitlich albanisch besiedelten serbischen Provinz Kosovo wurden dagegen blutig unterdrückt.

Damit war der Weg in den Bürgerkrieg gebahnt. Er begann im Sommer 1991, als die Föderationsarmee vergeblich versuchte, die slowenischen Außengrenzposten wieder zu besetzen. Auf diese Scharmützel folgte ein grausamer Bürgerkrieg in Kroatien, der mit der Vertreibung der serbischen Minderheit aus der Krajina endete. Die damit verbundenen Schrecken wurden durch die Exzesse des Hasses und der »ethnischen Säuberung« in den Schatten gestellt, die Bosnien-Herzegowina zwischen 1992 und 1995 heimsuchten. Den vierten Schwerpunkt des Bürgerkriegs bildete schließlich der Kosovo, der nach dem zeitweiligen Rückzug der Bundesarmee und der serbischen Sonderpolizei 1998 wieder aufflammte, zur serbischen Wiederbesetzung führte und dann im März 1999 den NATO-Bombenkrieg gegen Jugoslawien auslöste.

Viele Beobachter innerhalb wie außerhalb Jugoslawiens hatten diese Entwicklung kommen sehen und die unterschiedlichsten Lösungsvorschläge zur Eindämmung der sich abzeichnenden Katastrophe gemacht. Zu ihnen gehörten jedoch nicht die herrschenden Klassen der EU-Kernzone, insbesondere Deutschlands und Österreichs. Seit den 1970er Jahren hatten sie die sich in Slowenien und Kroatien formierenden ökonomischen und ethnopolitischen Sezessionstendenzen verdeckt gefördert. Als die beiden Nord-Republiken 1991 ihre Unabhängigkeit erklärten, erkannten sie sie umgehend an und brachten schließlich auch die EU-Gremien hinter sich. Statt den rigorosen Austeritätskurs des IWF zu zügeln und Hilfsprogramme aufzulegen, beflügelten sie den auf den Bürgerkrieg zusteuernden Desintegrationsprozess. Als es dann 1992 auch in Bosnien-Herzegowina zu Massakern gekommen war, mussten sich die deutsche und die österreichische Regierung wieder ein Stück weit zurücknehmen. Der nun unwiderruflich scheinende Untergang Jugoslawiens war auch für die geostrategischen Interessen der USA von Vorteil. In Bosnien-Herzegowina schlugen sie sich militärisch und diplomatisch auf die Seite der Föderationsgegner, erzwangen ein Zweckbündnis zwischen den kroatischen und muslimischen Sezessionisten und diktierten 1995 nach der weitgehenden Vertreibung der jugoslawisch-serbischen Verbände einen Waffenstillstand, der Bosnien-Herzegowina in ein Protektorat verwandelte, welches seither militärisch-diplomatisch von den USA und wirtschaftspolitisch von der IWF-Weltbankgruppe verwaltet wird. Auch bei der Entscheidung zum NATO-Bombenkrieg gegen Jugoslawien waren die USA federführend. Nach der Kapitulation Jugoslawiens im Juni 1999 wurde auch der Kosovo in ein Protektorat umgewandelt, und selbst bei der währungspolitischen Sezession Montenegros, das mit der Einführung der D-Mark im Sommer 1999 die Weichen zur endgültigen Auflösung der Jugoslawischen Föderation stellte, gaben zunächst US-amerikanische Experten und Diplomaten den Ton an. Auf diese Weise gelang es den USA, auch auf dem Balkan ihre geostrategisch-militärischen Interessen zu sichern. Sie verfügen seither in Bosnien-Herzegowina und im Kosovo über große Militärbasen, die ihre Logistikrouten in Richtung

Mittelosten und nach Zentralasien auf dem Balkan flankieren. Darüber hinaus haben sie aber auch dafür Sorge getragen, dass die südosteuropäische Erweiterung des EU-Imperiums wie auch in Ostmitteleuropa unter Anerkennung ihrer militärisch-strategischen Hegemonialstellung stattfindet. Auf diese Weise sind den imperialen Bestrebungen der Europäischen Union klare Grenzen gesetzt: Sie sind den herrschenden Eliten der Vereinigten Staaten nur so lange willkommen, wie sie deren geostrategische Vormachtstellung nicht in Frage stellen.

Gleichwohl stellte die aktiv mitgetragene Zerstörung der südslawischen sozialistischen Föderation die Weichen für den endgültigen Aufstieg der Europäischen Union zur imperialistischen Supermacht. Die Art und Weise, in der ihre Entscheidungszentren den Untergang des südosteuropäischen Kontrahenten zur politisch-ökonomischen Inbesitznahme nutzten, hatte wegen der damit verbundenen kriegerischen Verwicklungen noch mehr als die Ostexpansion paradigmatische Bedeutung. Tausende von Wirtschaftsberatern, Diplomaten und Kadern des EU-Apparats machten sich nach Kriegsende und dem anschließenden marktradikalen Kurswechsel Serbiens, Makedoniens und Montenegros daran, den Wiederaufbau nach den Normen der Brüsseler Zentrale in die Wege zu leiten. Heute, mehr als zehn Jahre danach, können wir die Ergebnisse in Augenschein nehmen. Der Balkan hat sich in ein Sammelsurium von Kleinstaaten aufgelöst, deren Eliten sich damit beschäftigen, ihre kulturelle Identität neu zu erfinden, sich ethnopolitisch gegen ihre Nachbarn abzugrenzen und auf territorialen Zuwachs (»Groß-Albanien«, »Groß-Makedonien«, »Groß-Serbien« usw.) zu setzen. Ökonomisch sind sie jedoch handlungsunfähig und infolgedessen auf die gestaltende und ordnende Hand der Europäischen Union angewiesen. Und das hat zur Folge, dass sie sich alle dem uniformen Konzept des Marktradikalismus unterwerfen müssen, der ihre kleinen Regulationsbürokratien den Interessen des multinationalen Kapitals ausliefert. Politisch-ökonomische Einheiten, die diese Grundordnung in Frage stellen könnten, werden nicht geduldet. Im Gegensatz zu Ostmitteleuropa befindet sich der Prozess der Einbeziehung der ethnopolitisch fragmentierten balkanischen Kleinstaaten in die Europäische Union erst am Anfang.

Das Schengener Grenzregime

Wer ein Imperium ausweitet und arrondiert, muss vor allem die äußere Grenze seines Herrschaftsbereichs im Blick haben. Für diesen Zweck schufen sich die klassischen Imperien Grenzregime, die sich durch natürliche oder künstlich angelegte Barrieren auszeichneten oder als »wandernde« Militärgrenzen mit Wehrbauern und kampferprobten Vasallenvölkern besiedelt wurden. Heute, im Zeitalter des transnational liberalisierten Waren-, Dienstleistungs- und Kapitalverkehrs, müssen diese Regime anders konzipiert werden. Sie haben vor allem die Aufgabe, unerwünschte Personen – Flüchtlinge, papierlose Arbeitsmigranten, Systemgegner, religiös-fundamentalistische Attentäter und Kriminelle – fernzuhalten. Die Umsetzung dieser selektiven Absperrungskonzeption wird mittlerweile durch die Verfügung über hochkomplexe Informations- und Kommunikationssysteme wesentlich erleichtert.

Für die Technokraten der Europäischen Union hatten diese Problemstellungen anfänglich nur nachrangige Bedeutung gehabt. Zunächst hatte die Abwehr aus »Drittländern« einreisender oder sich binneneuropäisch bewegender »Extremisten« im Vordergrund gestanden. Das war eine Sache der Polizeiroutine, die den Aufbau grenzüberschreitender Informations- und Kommunikationssysteme erforderlich machte. Sobald diese Überwachungsstrukturen einigermaßen funktionierten, konnten die Kernländer der Europäischen Gemeinschaft dazu übergehen, die pauschale Personenkontrolle an ihren Binnengrenzen abzubauen. Ein diesbezügliches Abkommen wurde 1985 am Dreiländereck zwischen Deutschland, Luxemburg und Frankreich unterzeichnet.

Fünf Jahre später war diese durch das erste Schengener Abkommen gekennzeichnete Idylle jedoch beendet, denn nun zerbrach der Eiserne Vorhang. Für die Menschen aus Osteuropa begann die lang ersehnte Ära der Freizügigkeit, aber nicht alle waren beim Grenzübertritt willkommen. Nur die Ostdeutschen, die erst noch für den DDR-Anschluss gewonnen werden mussten, erhielten ein formelles »Begrüßungsgeld«. Die Übrigen – Polen, Tschechoslowaken, Ungarn, Rumänen, Bulgaren, Jugoslawen, Albaner usw. – wurden dagegen ferngehalten. Die durch den Wegfall des Eisernen Vorhangs ausgelöste Ost-West-Wanderung Arbeit suchender Menschen war unerwünscht.

Deshalb wurde das Schengener Abkommen im Juni 1990 durch Zusatzvereinbarungen ergänzt, die den Blick der Akteure auf die Befestigung ihrer Außengrenzen richteten und die Weichen für ein systematisch durchdachtes und möglichst lückenloses Grenzregime stellten. Die fünf Signatarstaaten Belgien, Deutschland, Frankreich, Luxemburg und Niederlande vereinbarten, ausgehend von den bisherigen sicherheitspolizeilichen Strukturen der »Extremisten«-Überwachung, ein neues Computersystem aufzubauen und in Betrieb zu nehmen sowie eine gemeinsame Visapolitik einzuführen. Darüber hinaus schafften die Teilnehmerstaaten militärische Ausrüstungen zur Überwachung ihrer Außengrenzen an: Infrarotsichtgeräte, Warmbildkameras, Drohnen, Hubschrauber und Schnellboote, und reorganisierten ihre sonderpolizeilichen Grenztruppen. Auf diese Weise wurde der Eiserne Vorhang durch eine »wandernde« Ostgrenze ersetzt, die den veränderten Anforderungen an das Grenzregime entsprach. In den folgenden Jahren wurden dort jährlich hunderttausende Menschen bei ihren Versuchen, die EU-Grenze ohne Einreisebewilligung zu überschreiten, abgefangen, mindestens 150 kamen dabei ums Leben. Die Nicht-Zugehörigkeit zu einem EU-Land generierte eine »illegale« Handlung, sobald die MigrantInnen den ausgefeilten Zutrittsbedingungen nicht entsprachen. Parallel dazu wurde denjenigen gegenüber, denen die Einreise trotzdem gelang, ein menschenverachtendes Diskriminierungssystem aufgebaut. Einwanderer, die sich unter Berufung auf die Flüchtlings- und Menschenrechtskonvention der Vereinten Nationen als politische Flüchtlinge registrieren ließen, wurden Freizügigkeitsbeschränkungen unterworfen, interniert und vom Arbeitsmarkt ferngehalten. Die papierlosen ArbeitsmigrantInnen wurden dagegen wegen ihres rechtlosen Status zu willkommenen Ausbeutungsobjekten der Schattenwirtschaft und solcher formeller Sektoren, in denen eine überproportional hohe Nachfrage nach unqualifizierten Arbeitskräften besteht. Insofern hat das Schengener Grenzregime seit den 1990er Jahren immer zwei Seiten: Es soll unerwünschte Wanderungsbewegungen eindämmen, zugleich aber die deregulierten Arbeitsmärkte durch ein weiteres Segment ergänzen, in dem die Feilhaltung des Arbeitsvermögens außerhalb aller arbeitsrechtlichen Normen stattfindet.

In dieser Doppelfunktion bewährte sich das Schengener System so gut, dass sich ihm seit der zweiten Hälfte der 1990er Jahre mit Ausnahme Großbritanniens und Irlands sowie einiger südosteuropäischer Beitrittskandidaten alle EU-Mitgliedsländer anschlossen, zuletzt auch die Nicht-EU-Mitgliedsstaaten Schweiz und Norwegen. Die Schengener Verträge wurden formell in den EU-Kodex aufgenommen und bilden heute ein Kernstück des europäischen Normenkatalogs. In diesem Kontext kam es schließlich zu einer zusätzlichen Regelung, die das EU-Grenzregime nochmals verschärfte: Flüchtlinge und papierlose ArbeitsmigrantInnen müssen bis zur Klärung ihres Status – Deportation oder Anerkennung als politische Flüchtlinge – in denjenigen Ländern festgehalten und minimal versorgt werden, die sie zuerst betreten haben. Diese Regelung führte zu einer einseitigen Entlastung des imperialen Kerneuropa auf Kosten seiner Peripherieländer. Die Ungleichgewichte vertiefen sich weiter. Gleichzeitig provozierte die Massierung der MigrantInnen in den Peripherieländern eine enorme Zuspitzung der sozialen Konflikte: Sie wurden zur Projektionsfläche eines populären Rassismus, wie es ihn zuletzt in der faschistischen Ära gegeben hatte.

Wie wichtig die Konstruktion des Schengener Grenzregimes inzwischen für den EU-Machtblock geworden ist, zeigt die Entwicklung der letzten zehn Jahre. Die unerwünschte Einwanderung hat sich von den Ostgrenzen in die Mittelmeerregion verlagert. Ihre Zentren sind heute die Meerengen zwischen dem Maghreb und Spanien, die südlichste italienische Inselgruppe sowie die Küstenzone und der thrakisch-türkische Grenzübergang Griechenlands. Die Zahl der zumeist jugendlichen Subproletarier, die aus den Depressions- und Bürgerkriegsgebieten Afrikas, des Nahen und Mittleren Ostens sowie Zentralasiens einen Neuanfang in Europa versuchen wollen, hat inzwischen die Millionengrenze überschritten. Soweit ihnen der Grenzübertritt gelingt, werden sie in den südeuropäischen Peripherieländern festgehalten. Aber für Viele endet der Versuch, die EU-Außengrenze zu überwinden, in einer Katastrophe: Sie sind ertrunken, verhungert, erstickt oder getötet worden – allein zwischen 1994 und 2004 waren es über 5000. Sie sind an den Vorkehrungen einer Supermacht gescheitert, die ihr Grenzregime immer perfekter abdichtet. Die Grundlage dafür bildet das Schengener Informationssystem, das auf der Basis von 42 Millionen Datensätzen (Stand Januar

2012) eine mehrfach vernetzte Personen- und Sachfahndung ermöglicht. Zusätzlich wurde im Oktober 2005 der Aufbau einer neuen, zentral gesteuerten paramilitärischen Grenztruppe (»Frontex«) abgeschlossen, deren Personalbestand und Ausrüstung seither ständig aufgestockt werden.

Zwischenbilanz

Die hier vorgetragenen Beispiele belegen, dass die Jahre 1990/91 eine entscheidende Schnittstelle beim Übergang der Europäischen Gemeinschaft zur imperialistischen Supermacht markierten. In den Jahrzehnten zuvor war es zunächst darum gegangen, die Europäische Gemeinschaft aus der von der globalen Hegemonialmacht betriebenen »Großen Inflation« herauszulösen und den regionalen Integrationsprozess durch den Aufbau eines eigenen Währungsblocks abzusichern. Dieser Prozess durchlief mehrere Etappen und wurde zu Beginn der 1990er Jahre durch die Entscheidung zur Einführung einer eigenen Blockwährung gekrönt. Der Euro-Block sollte wie ein regional erneuertes Gold-Standard-System funktionieren, das zwei Aufgaben zu lösen hatte: Es sollte erstens die Durchsetzung des neomerkantilistischen Wirtschaftsmodells auf der inneren Linie gewährleisten und zweitens eine damit verbundene Strategie der Preisstabilität auf der weltwirtschaftlichen Ebene verankern. Das aber bedeutete nichts anderes als die Absicht, den »harten« Euro gegen den »weichen« US-Dollar ins Spiel zu bringen, als zweite Weltreservewährung zu etablieren und die globale Hegemonialmacht währungspolitisch in die Schranken zu weisen.

Nun wollte es aber der weltgeschichtliche Zufall, dass genau zu diesem Zeitpunkt das Sowjet-Imperium implodierte. Die Vordenker der Vereinigten Staaten erkannten sofort die sich daraus ergebende Chance, die Länder des untergehenden osteuropäischen RGW-Blocks einer »Schocktherapie« zu unterwerfen und innerhalb kürzester Zeit in das System des finanzialisierten Kapitalismus einzubeziehen. Tatsächlich gelang es den Akteuren der Welt-Institutionen und der US-amerikanischen Thinktanks, diesen Kurswechsel zusammen mit den ökonomischen Wende-Eliten Belgrads, Warschaus, Prags, Budapests und Moskaus zu bewerkstelligen. Dabei vertraten sie immer auch die Expansionsinteressen des benachbarten EU-Blocks mit, allerdings nur bis zur russischen Westgrenze. Zusätzlich achteten sie sorgsam darauf, dass der nun einsetzende imperiale Aufstieg der Europäischen Gemeinschaft geostrategisch durch die globale Hegemonialmacht »eingerahmt« wurde. Nachdem diese Aufgabe im ostmittel- und südosteuropäischen Glacis erledigt war, konnten die marktradikal erneuerten Nationalökonomien nach und nach in die EU-Variante des finanzialisierten Kapitalismus integriert werden. Die Erklärung für diese »großzügige« Geste des Washington Consensus ist einfach: Seine Akteure hatten gerade begonnen, das Hauptgewicht der politisch-ökonomischen Ressourcenmobilisierung nach Zentralasien und in die Pazifik-Region zu verlagern. Die schuldengetriebene »Große Inflation« wurde im Zeichen der neuen Weltwirtschaftsachse Washington–Beijing fortgesetzt.

Entgegen der landläufigen Meinung vom Niedergang der globalen Hegemonialmacht und dem gegenläufigen Aufstieg Europas sahen die Machtverhältnisse somit seit Beginn des neuen Millenniums ganz anders aus. Der Euro war erstens mitnichten imstande, die inoffizielle Weltreservewährung aus ihrer dominierenden Stellung zu verdrängen. Zweitens gibt es bis heute keinerlei Anhaltspunkte für eine Verselbständigung Europas gegenüber der in den NATO-Verträgen festgeschriebenen geostrategisch-militärischen Hegemonialstellung der Vereinigten Staaten. Und drittens begann sich das weltwirtschaftliche Kraftzentrum unter der Regie der USA und ihres aufsteigenden neuen Partners und Rivalen China aus der Triade-Region in das Pazifikbecken zu verlagern. An dieser Konstellation änderte sich auch im Verlauf der Großen Rezession und der anschließenden Großen Stagnation bislang nicht das Geringste. Die zur imperialistischen Supermacht aufgestiegene Europäische Union steht heute vor noch größeren Herausforderungen als in den 1970er oder 1990er Jahren. Europa muss jetzt, so tönt es aus Berlin und Brüssel, nicht nur gegen die Schuldenökonomie der USA geschützt, sondern mehr noch gegen das aus der ökonomischen Symbiose mit den Vereinigten Staaten heraustretende Reich der Mitte fit gemacht werden. Das ist die weltwirtschaftlich begründete Seite der aktuellen Austeritätsprogramme. Die Rivalität mit China und den übrigen führenden Schwellenländern wird von den deutschen und europäischen Entscheidungszentren inzwischen derart ernst genommen, dass sie bereit sind, ihre Austeritätspolitik trotz der damit verbundenen Risiken nochmals zu radikalisieren.

Die Rolle der Linken bei der kapitalistischen Restrukturierung Europas

Soweit unser Rückblick auf die Wechselwirkung zwischen der ökonomischen Entwicklung und den politischen Machtstrukturen, die in den letzten vier Jahrzehnten den Aufstieg der Europäischen Gemeinschaft zur imperialistischen Supermacht bewirkt hat. Wer aber waren die konkreten Akteure, die diese strategische Brücke bauten und dabei auf so katastrophale Weise erfolgreich waren? Bislang haben wir sie nur pauschal benannt – als herrschende Eliten, die im Konsens mit den global operierenden – privaten und institutionellen – Kapitalvermögensbesitzern und den Chefmanagern der multinationalen Unternehmen tätig sind. Diese pauschale Zuschreibung mag für eine grobe Skizzierung der weltweiten Umbrüche ausreichend sein. Im Fall Europa müssen wir jedoch eine Besonderheit berücksichtigen, die in den vergangenen vier Jahrzehnten auf keinem anderen Kontinent und in keinem anderen Machtblock des Weltsystems so herausragend präsent war: Die parteipolitisch aktive »Linke« in Gestalt der Sozialdemokratie, des Eurokommunismus und der Grünen. Unsere These lautet, dass vor allem die linken Strömungen des politischen Establishments die Unterwerfung der europäischen Unterklassen unter die veränderten Verwertungserfordernisse des finanzmarktgetriebenen Kapitalismus ermöglicht haben. Sie haben Austeritätsökonomie mit der imperialistischen Großmachtpolitik verbunden und gegen heftige Proteste verteidigt. Da sie dabei auch innerhalb der Arbeiterorganisationen und der Neuen Sozialbewegungen agierten, haben sie deren Widerstand paralysiert und ihnen in einer entscheidenden historischen Umbruchskonstellation eine strategische Niederlage zugefügt.

Auf den ersten Blick mögen diese Thesen überzogen wirken: Sie widersprechen der weit verbreiteten Auffassung, wonach der Durchbruch des »Neoliberalismus« zu Beginn der 1980er Jahre ausschließlich durch den politischen Machtwechsel in Großbritannien und den Vereinigten Staaten bewerkstelligt worden sei. Für den transatlantischen Kontext mag diese Einschätzung im Großen und Ganzen auch zutreffen. Richten wir aber den Blick auf Europa, dann erkennen wir schnell, dass sich die institutionelle Linke erstens schon vor dem Machtantritt Margaret Thatchers vom keynesianischen Sozialstaatsmodell verabschiedete, dass sie zweitens zeitgleich mit der Thatcher-Administration drastische Austeritätsprogramme auflegte, und dass sie diese drittens nach Thatchers Rücktritt bruchlos fortsetzte. Dagegen verhielten sich die konservativen Flügel der kontinentalen politischen Eliten weitaus zurückhaltender. Sie überließen der »Linken« die Aufgabe des arbeits- und sozialpolitischen Tabubruchs und begnügten sich nach deren Abwahl damit, die neuen »Errungenschaften« zu verfeinern; nur in Großbritannien verhielt es sich umgekehrt. Auf diese Weise transformierten sich die politischen Klassen Europas in eine sich nur noch in Nuancen unterscheidende marktradikale Einheitspartei, die seither die Anpassung des gesamtwirtschaftlichen Steuerungssystems an die Erfordernisse des neuen Kapitalismus vorantreibt, Alternativansätze marginalisiert und die ohnedies begrenzten politischen Rechte der subalternen Klassen zugunsten einer marktliberal umgedeuteten »Wertegemeinschaft« beschneidet. Bei diesen dramatischen Entwicklungen handelte es sich jedoch um keinen unilinearen Prozess. Sie verliefen in unterschiedlichem Tempo, provozierten enorme Konflikte und waren teilweise auch von Zufällen geprägt. Wir wollen ihre wesentlichen Verläufe und Konsequenzen am Beispiel der europäischen sozialdemokratischen Parteien, des Eurokommunismus und der Entwicklung der grünen Parteien darstellen.

Die Metamorphose der Sozialdemokratie (I)

Für die sozialdemokratischen Parteien Europas begann im Verlauf der 1970er Jahre eine neue Ära. Das von ihnen seit dem Ende des Zweiten Weltkriegs mitgestaltete System des sozialen Keynesianismus wurde durch die zunehmende Internationalisierung der Waren- und Kapitalströme und die damit einhergehenden Migrationsbewegungen in Frage gestellt. Die in den nationalstaatlichen Regulationsmechanismen verankerten Hebel zur Durchsetzung der Vollbeschäftigung, zur Steigerung der Massenkaufkraft, zur Egalisierung der Einkommen und zum Ausbau der sozialen Sicherungsnetze schienen angesichts stagnierender Wachstumsraten sowie steigender Zinssätze und Preise wirkungslos zu werden. Hinzu kamen die Erosion der traditionellen Arbeitermilieus im Gefolge der zunehmenden Individualisierung der Lebensentwürfe, schrumpfende Mitgliederzahlen, der Niedergang der sozialdemokratisch-gewerkschaftlichen Medienlandschaft und neuartige Bedrohungen durch die Umweltzerstörung. Aus der Perspektive des Machterhalts konnte es auf diese Entwicklungstendenzen nur zwei mögliche Antworten geben: Erstens den Versuch, den Keynesianismus sozial-ökologisch zu erneuern, mit dem europäischen Integrationsprozess zu verbinden und den sich auf dieser Ebene abzeichnenden Übergang zur restriktiven Austeritätspolitik zu verhindern. Alternativ dazu bestand zweitens die Möglichkeit, die bisherigen strategischen Optionen zugunsten einer weitreichenden Anpassungsstrategie preiszugeben, um die als unumkehrbar eingeschätzte Transformation des Kapitalismus aktiv mitzugestalten. Bei der letzteren Variante handelte es sich um eine Art zweiter Metamorphose der Sozialdemokratie: Bei ihrem ersten Paradigmenwechsel hatten die sozialdemokratischen Parteien Nord- und Mitteleuropas nach dem Ende des Zweiten Weltkriegs ihre sozialistischen Reformperspektiven zugunsten einer wohlfahrtsstaatlichen Umsteuerung der Wirtschaftspolitik aufgegeben; die west- und südeuropäischen Parteien hatten diesen Kurswechsel dagegen erst zu Beginn der 1970er Jahre absolviert, so dass bei ihnen die damit verbundenen soziokulturellen Normen noch nicht richtig Fuß gefasst hatten.

Das war wohl auch der Grund, weshalb sich die west- und südeuropäischen Sozialdemokratien zuerst auf einen marktradikalen Anpassungskurs verständigten und fast bruchlos vom sozialistischen Reformprojekt auf die neue

Heilslehre einschwenkten. Die italienische Sozialistische Partei (PSI) verfügte als Juniorpartnerin der Christdemokraten (DC) ohnehin nur über eine schmale Basis innerhalb der Arbeiterklasse und hatte dieses Defizit durch ein Klientelsystem ausgeglichen, das aufgrund ihrer langjährigen Teilhabe an der politischen Macht zunehmend korrupte Züge annahm. Auch die spanische Sozialistische Arbeiterpartei (PSOE) war kaum in den proletarischen Milieus verankert, als sie einige Jahre nach dem Ende der Franco-Diktatur an die politischen Schalthebel gelangte. Ähnlich erging es aber auch der französischen Sozialistischen Partei (PS), da sie sich erst gegen Ende der 1960er Jahre neu formiert hatte. Infolgedessen gelang es den Parteiführungen ohne allzu große Widerstände, die verstaubten Doktrinen der sozialistischen Traditionslinken durch die neuen Paradigmen des Marktradikalismus zu ersetzen. Der PSI trat 1979 in eine neue Koalition mit den Christdemokraten ein und verantwortete einen Kurswechsel mit, der den Übergang zur Austeritätspolitik mit Repressalien gegen die außerparlamentarische Arbeiterlinke kombinierte. Als PSI-Chef Bettino Craxi dann vier Jahre später zum Ministerpräsidenten aufrückte, verschärfte der PSI diese Politik weiter und ging dazu über, den Austeritätskurs durch Steuererhöhungen, die weitere Abwertung der Lira und die Abkopplung der Löhne von der Inflationsrate zu verfestigen. Dagegen schien die Entwicklung in Frankreich zunächst anders zu verlaufen. Mit der Wahl von François Mitterrand zum Staatspräsidenten übernahm der Parti Socialiste 1981 die Regierungsgeschäfte. Er verfolgte zunächst im Bündnis mit der Kommunistischen Partei (PCF) ein Verstaatlichungsprogramm, schwenkte dann aber ein Jahr später um und folgte dem italienischen Vorbild mit Steuererhöhungen, Währungsabwertung, De-Indexierung der Löhne und Drosselung der Staatsausgaben. Verglichen damit ging die im Jahr 1982 in die Regierung gewählte

PSOE unter Felipe Gonzalez noch einen Schritt weiter, indem sie die Budgetrestriktion und die Währungsabwertung erstmalig mit einem umfassenden Programm zur Privatisierung der öffentlichen Unternehmen verband. Dies führte zu einer scharfen Konfrontation mit den Gewerkschaften, aber die sich daraus ergebenden Distanzierungen wurden wie in Italien und Frankreich billigend in Kauf genommen.

Obwohl klar war, dass die seit 1979 in Gestalt des Europäischen Währungssystems installierte Restriktionspolitik der Europäischen Gemeinschaft die ökonomische Stagnation vertiefte und die Umweltkrise verschärfte, erwogen weder die französischen noch die italienischen Sozialisten die Möglichkeit, gemeinsam dagegen vorzugehen und eine sozial-ökologisch begründete Alternative zu erarbeiten. Aber auch die spanischen Sozialisten hielten den Übergang zur Austeritätspolitik für eine alternativlose Option, weil sie ihnen den Weg in die Europäische Gemeinschaft freimachte. Infolgedessen standen die 1981 an die politischen Schalthebel gelangten griechischen Sozialisten (PASOK) mit ihrem Programm zur sozial- und wohlfahrtsstaatlichen Erneuerung allein auf weiter Flur. Dagegen blieb den Führungsgremien der sozialdemokratischen Parteien Mittel- und Nordeuropas die Zerreißprobe eines strategischen Richtungswechsels zunächst erspart. Zwar hatten in der zweiten Hälfte der 1970er Jahre auch in der britischen, der westdeutschen und den skandinavischen Schwesterparteien Diskussionen über die weitere Tragfähigkeit des sozial-keynesianischen Modells eingesetzt. Da sie aber zu Beginn der 1980er Jahre überwiegend aus ihren Koalitionsregierungen abgewählt wurden, gestaltete sich ihre Abnabelung von den traditionellen Arbeitermilieus und den Gewerkschaften langwieriger und weniger dramatisch.

Das Scheitern des Eurokommunismus

Nun gab es in Süd- und Westeuropa noch eine zweite linke Traditionslinie, die weitaus länger und stabiler in den Arbeitermilieus verankert war und durch die italienische (PCI), die spanische (PCE) und teilweise auch durch die französische Kommunistische Partei (PCF) verkörpert wurde. Diese Parteien waren infolgedessen weitaus intensiver als ihre sozialdemokratischen Konkurrenten mit den Arbeiterrevolten und sozialen Auseinandersetzungen dieser Jahre konfrontiert. Da sich gleichzeitig auch die sozialökonomischen Rahmenbedingungen ständig verschlechterten, gerieten die kommunistischen Führungsgremien in ein politisches Dilemma, das eine Überprüfung ihrer strategischen Optionen unausweichlich machte. Sie konnten erstens vereinbaren, den seit der Niederschlagung des »Prager Frühlings« begonnenen Ablösungsprozess vom sowjetischen Führungsanspruch über die kommunistische Weltbewegung abzuschließen und eine neue Ära eröffnen, die eine pluralistische Debatte über die Perspektiven der Systemüberwindung zuließ. Sie konnten zweitens noch einen Schritt weitergehen, den nach dem Abflauen der sozialen Nachkriegskämpfe geschlossenen Produktivitätspakt mit der kapitalistischen Wiederaufbau-Dynamik wieder aufkündigen und die von ihnen kontrollierten Arbeitermilieus für die neuen Sozialbewegungen öffnen. Sie konnten sich drittens aber auch auf eine den veränderten Zeitläuften angepasste Reformlinie verständigen und das von den Sozialdemokraten ausgeschlagene Projekt einer sozialkeynesianisch fundierten Demokratisierung des europäischen Integrationsprozesses auf ihre Fahnen schreiben. Und viertens stand selbstverständlich auch ihnen die Möglichkeit offen, sich mehr oder weniger verdeckt an die vermeintlichen Sachzwänge der Austeritätspolitik anzupassen und sich anstelle der sozialdemokratischen Konkurrenz als

Juniorpartner eines »historischen Kompromisses« mit den Erfordernissen der kapitalistischen Restrukturierung abzufinden. Die Debatten um eine strategische Neuorientierung fielen in eine Phase des hoffnungsvollen Aufbruchs. Es schien, als könnte sich »1968« noch einmal auf dem Terrain der traditionellen Arbeiterlinken wiederholen und zu einer Konsolidierung der in die Krise geratenen neuen Sozialbewegungen beitragen. Obwohl sich nur eine Minderheit der französischen Kommunistischen Partei mit ihnen identifizierte, erschienen die Agenda der kommunistischen Erneuerung zeitweilig so attraktiv, dass sie ab Mitte der 1970er Jahre unter der Chiffre des »Eurokommunismus« erheblich an Einfluss gewannen.

Das aber war voreilig, wie sich rasch zeigen sollte. Die südeuropäischen kommunistischen Parteien gingen zwar weiter auf Distanz zum Sowjetkommunismus, aber sie waren nicht in der Lage, den produktivistischen Habitus abzustreifen, der die traditionelle Arbeiterlinke an die kapitalistische Dynamik kettete. Darüber hinaus überschätzten sie ihre Handlungs- und Gestaltungsmöglichkeiten innerhalb des parlamentarisch-politischen Systems. Infolgedessen gerieten ihre Führungsgremien in eine Sackgasse, die sie auf allen Ebenen in die Defensive drängte und schließlich zur denkbar schlechtesten Lösungsvariante greifen ließ.

Ihre Distanz zu den neuen Milieus der Arbeitermilitanz wuchs sich zu einer Konfrontation aus, die selbst minimale Bündniskonstellationen unmöglich machte. Durch diese alles überschattende Abgrenzungsstrategie wurden sie so beeinträchtigt, dass sie die Chance einer tatsächlich »eurokommunistisch« begründeten Reformalternative offensichtlich noch nicht einmal erkannten. Damit blieb auch für die südeuropäischen kommunistischen Parteien nur noch die Austeritäts-Option übrig. Da sie ihrer sozialen Basis die damit verbundenen verschlechterten Arbeitsbedingungen, Lohnkürzungen und Einkommensverluste jedoch nicht offen als Verzicht zugunsten der kapitalistischen Restrukturierung verkaufen konnten, verbrämten sie ihren Kotau als »historischen Kompromiss« mit den führenden bürgerlichen Parteien im Interesse des Überlebens der »nationalen Wirtschaft« Italiens und Spaniens. Wer die Parteitagsprotokolle und programmatischen Erklärungen dieser Jahre aus der heutigen Perspektive nachliest, kann unschwer erkennen, dass auch auf diesem Terrain der Linken die Preisgabe der in bitteren Kämpfen erzielten Verbesserung der Arbeits- und Lebensbedingungen an die Austeritätslogik der kapitalistischen Restrukturierung als alternativlos angesehen wurde. Damit war der »Eurokommunismus« gescheitert, nachdem er sich 1981 in Italien noch einmal bei der Niederschlagung der Arbeiterautonomie nützlich gemacht hatte. Seine politischen Reste verfielen einem zehnjährigen Niedergang, bis sie schließlich im Gefolge der Implosion der Sowjetunion vollends zerfielen.

Der Aufstieg der grünen Parteien

Seit Beginn der 1980er Jahre gab es neben den sozialdemokratischen und kommunistischen Milieus eine dritte Strömung der Linken, die auf spezifische Weise mit der kapitalistischen Restrukturierung konfrontiert war: die grünen Parteien. Sie waren aus den neuen sozialen Bewegungen der 1960er und 1970er Jahre hervorgegangen und hatten damit begonnen, deren Forderungskataloge in die institutionelle Politik einzubringen: Umweltschutz, Abschaltung der Kernkraftwerke, Gleichstellung der Frauen, Integration der sozialen Minderheiten und libertäre Demokratisierung des Alltags. Mit diesen Handlungsanleitungen profilierten sich die frisch gekürten Funktionsträger der grünen Parteien gegenüber den Hauptströmungen der traditionellen Linken, obwohl sie selbst zu erheblichen Teilen aus maoistischen Splittergruppen kamen, die die antiautoritären Sozialbewegungen in den 1970er Jahren bekämpft hatten. Die Frage war nun, auf welche Weise sich die derart gewandelten Grünen gegenüber den makroökonomischen Rahmenbedingungen zu positionieren gedachten, die durch die lang anhaltende Stagflation geprägt waren.

Die strategischen Optionen der Grünen unterschieden sich deutlich von den alternativen Handlungsmöglichkeiten der Sozialdemokratien und der Eurokommunisten. Sie konnten erstens versuchen, die aus den neuen Sozialbewegungen übernommenen Alternativvorstellungen zu einer Perspektive zu bündeln, die an ältere sozialistische Transformationsmodelle anknüpfte und diese entsprechend weiterentwickelte (sogenannter Öko-Sozialismus). Sie konnten zweitens einen reformorientierten Zusammenhang zwischen den Erfordernissen einer nachhaltigen Umweltpolitik und den Hauptanliegen des sozialen Keynesianismus, der Vollbeschäftigung und der Egalisierung der Einkommen, herstellen, indem sie beide Komponenten mit einer Perspektive der radikalen Arbeitszeitverkürzung verknüpften; das war die Option eines »Grünen New Deal«. Und drittens bestand selbstverständlich auch bei den Grünen die Möglichkeit, sich den vermeintlichen Sachzwängen der Austeritätspolitik zu beugen, um sich innerhalb des politischen Establishments dauerhaft zu positionieren und als Juniorpartner von Regierungskoalitionen Minimalvarianten eines »öko-libertären« Forderungskatalogs zur Geltung zu bringen.

Lange sah es so aus, als würde sich bei den Führungsgruppen der grünen Parteien der »Grüne New Deal« als Konsens stiftende strategische Linie durchsetzen. Diese Mehrheitstendenz wurde jedoch immer wieder durch ihre »Realpolitik« konterkariert und zunehmend abgeschwächt. Zu Beginn der 1990er Jahre vollzogen die deutschen Grünen im Kontext des DDR-Anschlusses einen nationalistischen Kurswechsel und profilierten sich kurze Zeit später im Zusammenwirken mit den österreichischen Grünen als äußere Protagonisten des jugoslawischen Sezessions- und Bürgerkriegs. Daraufhin gaben Tausende Öko-Sozialisten, Pazifisten und Anhänger des »Grünen New Deal«, fast ein Drittel aller Mitglieder, ihre Parteibücher zurück. Als sich in den folgenden Jahren der innerparteiliche Mehrheitskonsens immer deutlicher zugunsten der Austeritätspolitik verschob, kam es zu weiteren Austrittswellen, die zunehmend durch Neuzugänge aus der »sozialen Mitte« kompensiert wurden. In Deutschland fiel die letzte große innerparteiliche Umschichtung in die Jahre 2002 bis 2005, die durch die steuerliche Entlastung der Reichen und die Einführung der »Agenda 2010«, des Königswegs der europäischen Austeritätspolitik, geprägt waren. Seither sind die Grünen in Deutschland und Europa integraler Bestandteil des politischen Establishments. Sie repräsentieren die liberal-ökologischen Lebenswelten der überdurchschnittlich qualifizierten, wohlhabenden und häufig verbeamteten Gruppe der städtischen Mittelschichten. Bis zu 40 % ihrer Mitglieder rekrutieren sich heute aus der mittleren und oberen Verwaltungsbürokratie der Nationalstaaten und der europäischen Behörden.

Die Metamorphose der Sozialdemokratie (II)

Vielleicht vollzog sich der Niedergang der neuen sozialen Bewegungen nur deshalb so schnell, weil sie mit der Metamorphose der sozialdemokratischen Parteimilieus und dem Untergang der kommunistischen Traditionslinken zusammenfiel. Im Gegensatz dazu verlief die Transformation der Sozialdemokratie eher langwierig und unspektakulär, denn bis Beginn der 1990er Jahre waren auch ihre süd- und westeuropäischen Parteiformationen wieder abgewählt worden und konnten sich wie ihre nordeuropäischen Schwesterparteien in der parlamentarischen Opposition auf die zweite Runde der europäischen Austeritätspolitik vorbereiten. Seit 1996 ging es dann Schlag auf Schlag, die Initiative verlagerte sich dabei zunehmend auf die nordeuropäische Parteiengruppe. Den Auftakt bildete der Wahlsieg des italienischen Olivenbaum-Bündnisses (»L'Uluvo«), bei dem sich die Reste der sozialdemokratischen und kommunistischen Parteienlandschaft hinter dem Finanztechnokraten Romano Prodi versammelten. Die durch die Justiz im Jahr 1992 erzwungene Abtrennung der Parteien von den Pfründen des staatlichen Wirtschaftssektors beschleunigte die durch die neue Regierung in Gang gebrachte Privatisierung der Staatsunternehmen und die Sanierung des Staatshaushalts auf Kosten der Prekären und Mikro-Unternehmen. Ein Jahr später trat die unter der Ägide ihres neuen Vorsitzenden Tony Blair marktradikal erneuerte Labour Party (»New Labour«) in die Traditionslinie der Thatcher-Ära ein und erweiterte sie durch verfeinerte Formen des Ausverkaufs der öffentlichen Güter und sozialen Netze sowie neue Techniken der kommunalen Arbeitserzwingung (Workfare). Ein weiteres Jahr später – 1998 – erlangten schließlich auch die deutschen Sozialdemokraten zusammen mit den Grünen die Regierungsmehrheit. Nach der Austragung eines letzten Richtungsstreits, der mit der Ausschaltung des neokeynesianischen SPD-Flügels um Oskar Lafontaine endete, kam es zu weitreichenden Weichenstellungen, die die institutionelle Linke endgültig auf marktradikalen Kurs brachten. Den Auftakt dazu bildete neben massiven Steuersenkungen zugunsten der Reichen und beschleunigten Privatisierungsprogrammen ein von Bundeskanzler Gerhard Schröder und Premierminister Tony Blair im Jahr 1999 unterzeichnetes Strategiepapier zur Harmonisierung der beiderseitigen Austeritätskonzepte. Nach dem neuerlichen Wahlsieg der SPD-Grünen-Koalition folgte dann drei Jahre später die

Verabschiedung eines von der Bertelsmann-Stiftung vorgegebenen Aktionsprogramms, dessen Details von mehreren Expertenkommissionen erarbeitet wurden; es wurde zur »Agenda 2010« gebündelt, auf Sonderparteitagen mit eindrucksvollen Mehrheiten verabschiedet und avancierte im März 2003 zum Regierungsprogramm. Wir haben die Grundlinien der »Agenda 2010« weiter oben schon skizziert. Sie lesen sich heute, zehn Jahre danach, wie eine Magna Charta, die die Blaupausen für die im Jahr 2010 begonnene dritte Runde der europäischen Austeritätsprogramme lieferte.

Der Verfall der repräsentativen Demokratie

Durch die Metamorphose der Sozialdemokratie und der grünen Parteien sowie den Untergang der kommunistischen Traditionslinken haben zwei Drittel der Bevölkerung der EU-Mitgliedsländer ihre politische Repräsentation verloren. Ihre elementaren Lebensbedürfnisse werden in den Parlamenten nicht mehr vertreten. Hinzu kommt ihre fortschreitende Entrechtung auf den Arbeitsmärkten und in den Betrieben, denn auch die Gewerkschaften beschränken ihren Aktionsradius weitgehend auf die großbetrieblichen Kernbelegschaften, die bislang als einziges Segment der arbeitenden Klassen von der Prekarisierung der Arbeitsverhältnisse verschont blieben. Eine derart weitreichende institutionelle Marginalisierung der breiten Mehrheit der Gesellschaft hatte es in den repräsentativ-demokratisch verfassten Nationalökonomien Europas zuvor nicht gegeben. Sie wird zusätzlich dadurch verschärft, dass wesentliche politisch-ökonomische Entscheidungsfelder auf die EU-Technokratie übertragen wurden und somit der parlamentarischen Kontrolle der Mitgliedsländer entzogen sind. Das Europäische Parlament ist bis heute weitgehend eine Fassade geblieben, die den fortschreitenden Souveränitätsverlust der Mitgliedsstaaten verschleiert.

Aufgrund dieser Entwicklungen hat die indirekte Demokratie ihre Legitimationsbasis in hohem Maß eingebüßt. Das durch die politischen Parteien monopolisierte System der repräsentativen Demokratie hat sich schon immer durch Demokratiedefizite ausgezeichnet. Das seinerzeit durch die Arbeiterbewegung erkämpfte allgemeine Wahlrecht wurde derart beschnitten, dass es die Anpassung des gesamtwirtschaftlichen Steuerungssystems an den finanzialisierten Kapitalismus nicht behinderte. Das war auch in der Ära des sozialen Keynesianismus nicht anders, als die sozialdemokratische Arbeiterbewegung an seiner Gestaltung mitwirkte. Aber sie musste sich dabei immer als der effizientere »Treuhänder« der Arbeiterinteressen profilieren, weil sie unter dem Konkurrenzdruck der kommunistischen Linken stand, in der immer auch ein über das allgemeine Wahlrecht hinausgehendes Kernstück der direkten Demokratie latent geblieben war: Die Räte-Verfassung. Die soziale Basis dieses Treuhänderverhältnisses bildeten die gewerkschaftliche Tarifautonomie und der Achtstundentag. Dabei war vor allem der Achtstundentag von herausragender Bedeutung: Die Verkürzung der Arbeitszeit war die Voraussetzung dafür, dass die arbeitenden Klassen in der die politische und gewerkschaftliche Arbeiterbewegung tragenden Infrastruktur – Vertrauensleutegremien, Delegiertenversammlungen, Bildungsvereine, Genossenschaften usw. – tätig sein konnten. Sie konstituierte ein Handlungsfeld der institutionellen Gegenmacht, das zugleich den wichtigsten Eckpfeiler des sozialen Ausgleichs darstellte, welcher die repräsentative Demokratie funktionsfähig erhielt.

Alle diese Strukturen sind seit der zweiten Metamorphose der Sozialdemokratie und nach dem Untergang der kommunistischen Traditionslinken verschwunden. Aber auch die basisdemokratisch orientierten neuen sozialen Bewegungen wurden blockiert, weil die grünen Parteien sie enteigneten. Im Zusammenwirken mit der marktliberal gewendeten Sozialdemokratie entzogen sie der indirekten Demokratie die sozialen Grundlagen. Sie beseitigten den Achtstundentag, höhlten die arbeitsrechtlichen Schutzbestimmungen aus und durchlöcherten die sozialen Sicherungsnetze, die die Haushalte der arbeitenden Klassen bislang – wie unzulänglich auch immer – vor den von Erwerbslosigkeit, Krankheit, Invalidität und Alter ausgehenden Risiken geschützt hatten. Gleichzeitig bevorteilten sie die Reichen durch die Umkehrung der Steuer- und Umverteilungsstrukturen und schufen ein System wachsender sozialer Ungleichheit. Sie beteiligten sich an der Privatisierung der öffentlichen Güter und lieferten die Reproduktionsbedingungen der arbeitenden Klassen den Kapitalmärkten aus. Sie schreckten noch nicht einmal davor zurück, den pazifistischen Habitus der überwiegenden Mehrheit der europäischen Bevölkerung durch die aktive oder passive Teilnahme an Aggressionskriegen innerhalb wie außerhalb Europas zu missachten.

Auf diese Weise wurden mit dem sozialen Existenzrecht auch die politischen Bürgerrechte der subalternen Klassen eingeschränkt. Sie verfügen nicht mehr über die erforderliche disponible Zeit, ohne die es unmöglich ist, die soziale Selbstorganisation in Gang zu halten und sich um die öffentlichen Belange zu kümmern. Derartigen Luxus lässt der Alltag der prekarisierten und flexibilisierten Menschen nicht mehr zu. Da ihre Arbeitseinkommen nicht mehr zum Lebensunterhalt ausreichen, müssen sie sich um zusätzliche Beschäftigungsverhältnisse und Einkommensquellen kümmern. Und weil es immer schwieriger wird, die familiären Existenzrisiken in privaten Kontraktbeziehungen mit Banken, Versicherungen und Pensionskassen abzusichern, bleibt für die aktive Mitgestaltung des öffentlichen Lebens kein Platz mehr.

Die Folge ist eine zunehmende Desorientierung der arbeitenden Klassen und unteren Mittelschichten auf dem politischen Terrain. Sie wird durch die Deformierung und Umkehrung der politischen Begriffe zusätzlich verstärkt. Zwar werden politische Institutionen wie die Sozialdemokratie oder die Grünen noch immer der »Linken« zugeordnet oder als »Mitte-Links« eingestuft. Aber diese Zuschreibung ist völlig willkürlich geworden. Sie bezieht sich auf Kontexte, die heute dem Kernbereich der marktradikalen Austeritätspolitik angehören und eine extrem »rechte« Sozialpolitik mit Lobbyarbeit für soziale Randgruppen kombinieren. Umgekehrt setzen sich heute rechtsextremistische Parteien für die sozialen Rechte der subalternen Klassen ein, um sie für ihre regressiven nationalistischen Projekte zu gewinnen. Als der Parti Socialiste 1983 die Arbeiterquartiere Marseilles verließ, rückten die Stadtteilkomitees des Front National nach und gewannen unter den Immigranten der zweiten Generation eine breite Anhängerschaft. Bis vor kurzem war die sezessionistische und migrantenfeindliche Lega Nord in den Strukturen jener norditalienischen Mikro-Unternehmen verankert, die die aus den Großfabriken herausgeworfenen Arbeitermilitanten der 1970er Jahre gegründet hatten. Die rechtspopulistische FIDESZ-Partei Ungarns verdankt ihren Aufstieg der Tatsache, dass sie nach Krisenbeginn entschieden für die Belange der von Zwangsräumungen bedrohten Haushalte der unteren Mittelschichten eintrat. Die Beispiele könnten beliebig fortgesetzt werden. Die politische Desorientierung der arbeitenden Klassen hat inzwischen bedenkliche Ausmaße erreicht. Dass es heutzutage überall in Europa wieder einen eindeutigen Zusammenhang zwischen der sozialen Frage und dem Faschismus gibt, haben diejenigen zu verantworten, die in den vergangenen Jahrzehnten die arbeitenden Klassen verließen, um sich im Interesse des politischen Machterhalts und des materiellen Vorteils auf die Seite der marktradikalen Restriktionspolitik zu schlagen. Die Art und Weise, in der die politischen Akteure der Massenverarmung die institutionellen Machthebel zur Bereicherung ihrer eigenen Kaste, der politischen Klasse, ausnutzen, hat geradezu obszöne Züge angenommen.

Aber derartige Feststellungen fechten die Akteure der parlamentarisch-politischen Institutionen nicht an. Sie sind vielmehr dabei, die letzten noch verbliebenen Legitimationsreste der indirekten Demokratie zu beseitigen. Regierungen, die den Austeritätsdiktaten der Troika nicht willig genug folgen, werden durch Technokratenkabinette abgelöst. Verfassungsrechtliche Normen werden zu Dutzenden gebrochen, um die Deregulierung der Arbeitsverhältnisse zu beschleunigen oder öffentliche Sozialkassen zur Bedienung der Gläubigerschulden heranzuziehen. Die repräsentative Demokratie ist zu einer leeren Hülle geworden. Zwar gehen die Wahlkampagnen weiter, und die von den Kapitalvermögensbesitzern gesteuerten Medien tun ihr Bestes, um den Eindruck der Normalität aufrechtzuerhalten und ihre politischen Favoriten in Szene zu setzen. Aber hinter den Fassaden ist es kahl und leer geworden. Der Niedergang einer politischen Repräsentation, die ihrem Anspruch nach für alle da ist, jedoch fast nur noch die Interessen der oberen Mittelschichten, der Funktionseliten und der Kapitalvermögensbesitzer vertritt, ist deutlich sichtbar. Dieser Widerspruch lässt sich nicht lange aufrechterhalten. Seine Auflösung ist nur in zwei Richtungen möglich: Diktatur oder Weiterentwicklung des repräsentativ-parlamentarischen Systems zur direkten Demokratie.

Der soziale Widerstand – Umrisse einer Alternative

Angesichts dieser Entwicklungen nimmt es nicht wunder, dass die Frage nach alternativen Gesellschafts- und Lebensentwürfen wieder akut wird. Immer mehr Menschen wird der Zusammenhang zwischen ihrer politischen Entrechtung und der fortschreitenden Verschlechterung ihrer materiellen Existenzgrundlagen bewusst. Sie durchlaufen dabei schwierige Lernprozesse. Oft glaubten sie jahrelang, sich gegen die Misere durch noch härteres und längeres Arbeiten und durch den Rückzug auf die Überlebenshorizonte ihrer familiären Haushalte schützen zu können. Sie folgten dabei den Verlockungen der Medien, den falschen Versprechungen populistischer Politiker und der sich krebsartig ausbreitenden Agenturen der Banken und Versicherungsgesellschaften, die ihnen einredeten, den Verlust ihrer Arbeitsplatzsicherheit und ihrer sozialen Sicherungsgarantien durch steigende Spareinlagen und billige Kredite ausgleichen zu können. Alle diese Illusionen sind zerplatzt wie Seifenblasen.

Wie geht es aber jenseits dieser Illusionen weiter? Wer sind die neuen sozialen Subjekte, die die Zurichtungen des marktradikalen Kapitalismus hinter sich lassen und sich für ein selbstbestimmtes Leben assoziieren wollen? Und was wäre zu tun, um erstens die kommandierte Arbeit zu beseitigen, zweitens die privatisierten Gemeingüter zurückzuerobern und drittens die repräsentative Demokratie vor der völligen Zerstörung zu bewahren und durch glaubwürdige Instrumente zur direkten Demokratie zu erweitern? Im Folgenden wollen wir versuchen, dazu erste Vorschläge zu machen. Zuvor soll jedoch die Frage nach dem historischen Subjekt geklärt sein, das diese tiefgreifenden Veränderungen vorantreiben könnte.

Das neue Multiversum der Unterklassen

Klar ist zunächst: Das klassische historische Subjekt der traditionellen Linken, die industrielle Arbeiterklasse, ist als führender und vorantreibender Akteur ausgefallen. Genau besehen hatte sie diese dominierende Rolle ohnedies nur in den entwickelten Zentren des Weltsystems und nur einige Jahrzehnte lang innegehabt. Aber seit den 1970er Jahren ist sie auch hier – und somit auch in Europa – in alle Winde zerstoben. Mit der Dezentralisierung des Fabriksystems und der Dienstleistungssektoren verringerte sich ihre Gegenmacht, die Kontrolle über das patriarchale Normalarbeitsverhältnis und die damit gekoppelte politische Repräsentationskraft, erheblich. Die hoch automatisierten Fabrikkomplexe und Logistikzentren sind teilweise menschenleer und werden von handverlesenen Kernbelegschaften gefahren. Sie werden von riesigen Zuliefernetzen bedient, in denen die ehemals »atypischen« Arbeitsbeziehungen – Zeitarbeit, Leiharbeit, Minijobs, selbstständige Arbeit usw. – zur Norm geworden sind. Darüber hinaus wird diese hoch segmentierte Sphäre der Warenproduktion und -verteilung von den neuen Netzwerken der Wissensarbeit und der Service-Arbeit überlagert, die sich im Gefolge der Privatisierung der öffentlichen Infrastruktur enorm aufgebläht haben. Sie haben den klassischen Schwerpunkten der wertschöpfenden Arbeit inzwischen den Rang abgelaufen. Und da auch in diesen Bereichen sozial ungeschützte, niedrig entlohnte und zeitlich befristete Arbeitsverhältnisse vorherrschen, ist der klassische »Normalarbeitstag« endgültig ins Museum gewandert. Die traditionelle Lohnarbeiterklasse hat sich in ein neues und vielschichtiges Konglomerat abhängiger Beschäftigungsverhältnisse aufgelöst, in denen die unterschiedlichsten Zeitregime, Ausbeutungstechniken und Entgeltformen miteinander kombiniert sind.

Gleichzeitig dehnt sich dieses neue Multiversum der arbeitenden Klassen und Schichten beständig aus und erfasst immer neue Gesellschaftsschichten. Nach unten wird es durch die neue Massenarmut begrenzt, die sich aus zerbrochenen Arbeiterhaushalten, dauerhaft Erwerbsunfähigen, entwerteten Qualifikationsträgern, in die Altersarmut gestürzten Sozialrentnern und papierlosen MigrantInnen zusammensetzt. In der oberen Skala rangieren hingegen die prekären WissensarbeiterInnen von heute, in die immer breitere Segmente der Mittelschichten – Lehrer, Journalisten, Juristen, Mediziner, Wissenschaftler, Informatiker, Ingenieure, Architekten und Künstler – absteigen. Zwischen diesen beiden Polen hat sich das breite Spektrum der Prekären im engeren Sinn verfestigt. Es reicht von den wenig qualifizierten Segmenten der Arbeitsarmut bis zu den scheinselbstständigen Spezialisten der Kontrakt- und Leiharbeitsfirmen. Eine Sonderrolle nehmen hingegen die Kernbelegschaften der multinationalen Konzerne ein. Sie sind vor allem in den exportorientierten Sektoren konzentriert und repräsentieren die letzten Relikte des fordistischen Zeitalters. Da sie jedoch in den Schlüsselbereich des neomerkantilistischen Wirtschaftsmodells einbezogen sind, ist es ihnen im Verein mit ihren Betriebs- und Gewerkschaftsvertretungen häufig – aber keineswegs immer – gelungen, die Prekarisierung ihrer Arbeits- und Lebensbedingungen zu verhindern. Gleichwohl haben sie die Perspektive des sozialen Abstiegs immer vor Augen und reagieren darauf häufig mit Angst-, Anpassungs- und Ausgrenzungsmechanismen. Das macht sie zusammen mit ihren korporatistischen Interessenvertretungen zum retardierenden Moment der Arbeiterkämpfe von heute.

Der soziale Widerstand seit Krisenbeginn

Seit dem Beginn der Großen Rezession hat sich auch in Europa der soziale Widerstand neu zu formieren begonnen. Fast alle Schichten des Multiversums haben dazu beigetragen. In Frankreich, Italien und Großbritannien haben vor allem die Bildungs- und WissensarbeiterInnen mobilgemacht und Massenkampagnen gegen die Verschlechterung ihrer Arbeits- und Ausbildungsbedingungen gestartet. Darauf folgten europaweite Aktionen der Beschäftigten des Transportsektors, des Gesundheitswesens und der Altenpflege. Schließlich meldeten sich auch die Arbeiterbelegschaften der industriellen Sektoren zu Wort. In Frankreich und zahlreichen Ländern der europäischen Peripherie kam es zu Streiks und Betriebsbesetzungen, die oft monatelang andauerten.

Im Verlauf des Frühjahrs 2010 erlangten die sozialen Massenkämpfe eine neue Qualität. Ihr Ziel war die Verhinderung der Austeritätsprogramme. Infolgedessen rückten die zentralen Orte, in denen die Entscheidungen zur Umsteuerung der Wirtschaftspolitik getroffen wurden, in den Mittelpunkt. Es kam in Griechenland, Portugal und Spanien zu Massenkundgebungen und Generalstreiks, wie es sie in diesem Ausmaß seit dem Ende der Diktaturen nicht mehr gegeben hatte. Anfänglich waren viele Schichten des Multiversums beteiligt: Prekäre Jugendliche, papierlose MigrantInnen, Erwerbslose, Beschäftigte des öffentlichen Sektors, von Zwangsräumungen bedrohte Arbeiter- und Mittelschichtsfamilien, Transportarbeiter und die Belegschaften der Industrie- und Servicebetriebe. Parallel dazu kam es zu spektakulären Fabrikbesetzungen, zur Blockade öffentlicher Gebäude und sogar zur zeitweiligen Lahmlegung wichtiger Schlüsselministerien. Manche Beobachter meinten, eine Art Neuauflage der sozialen Aufstände in Frankreich und Spanien sei in Gang gekommen, die im Sommer 1936 zur Etablierung der Volksfrontregierungen geführt hatten.

Aber der Schein trog. Die soziale Zusammensetzung der Massenproteste war zu inhomogen, und die hinter den Teilnehmergruppen stehenden politischen Initiativen waren nicht in der Lage, der gemeinsamen Ablehnungsfront eine positive Zielrichtung zu geben, die von allen Beteiligten getragen werden konnte. Der fehlende Dialog zwischen den sozialen Trägergruppen machte sich deutlich in den heterogenen und untereinander nicht abgestimmten Kampfformen bemerkbar. Die harte, oftmals nicht nachvollziehbare und durch sicherheitspolizeiliche Provokateure geschürte Militanz der prekären Jugendlichen stieß die Demonstranten des öffentlichen Sektors genauso ab wie die hoch qualifizierten WissensarbeiterInnen. Umgekehrt kritisierten viele, die angesichts der katastrophalen Auswirkungen der Austeritätsprogramme eine effektive Blockade der Parlamente und Ministerien für unumgänglich hielten, den rein symbolischen Charakter der Manifestationsformen: Die großen Plätze sollten nicht wirklich besetzt und die Generalstreiks nach spätestens zwei Tagen wieder beendet werden. Dahinter wurde die ordnende Hand der Reste der Traditionslinken und der Gewerkschaften deutlich, die in allen betroffenen Ländern noch eng mit dem politischen System verfilzt sind. Schließlich drifteten die Bündnispartner nach einer Serie von Generalstreiks und Massendemonstrationen deutlich auseinander. Sie hörten auf, ihre Aktivitäten untereinander abzusprechen und erprobten die ihnen jeweils am adäquatesten erscheinenden Aktionsformen. Ein typischer Ausdruck dafür waren die Kampagnen der Indignados, die vor allem von den prekären Hochqualifizierten der jungen Generation getragen wurden und sich in Spanien, Griechenland und den USA mit den Initiativen gegen die Zwangsräumungen von Arbeiter- und Mittelschichtshaushalten zusammenschlossen. Sie entwickelten eindrucksvolle, von einem breiten basisdemokratischen Konsens getragene Aktionsformen des gewaltlosen Widerstands und wandten sich gegen jede verbindliche Bündnispolitik mit dem – sicher zutreffenden – Argument, dass sich die Gewerkschaften bislang nur in geringem Ausmaß um die Nöte und die Perspektivlosigkeit der um ihren Berufseinstieg gebrachten jungen Generation gekümmert hätten.

Diese Spaltung im Innern der südeuropäischen Massenproteste wiederholte sich auch auf der europäischen Ebene. Nur in Frankreich und Italien kam es zu nennenswerten Solidaritätsaktionen zur Unterstützung des Massenprotests in den Peripherieländern. In den Ländern der europäischen Kernzone blieb es dagegen weitgehend ruhig. Zwar gab es auch hier vereinzelte Aufklärungsveranstaltungen und eine linksgewerkschaftliche Solidaritätsinitiative, die eine Handvoll von Aktivistinnen und Aktivisten nach Griechenland führte, mehr aber auch nicht. Als die Gewerkschaften der Peripherieländer schließlich im November 2012 erstmalig zu einem durch den Europäischen Gewerkschaftsbund koordinierten Massenstreik gegen das Troika-Diktat aufriefen, beschränkten sich die Gewerkschaftsverbände der Kernzone auf die Unterstützung von Solidaritätsveranstaltungen, die von einigen linksgewerkschaftlichen Basisinitiativen und Gruppierungen der Rest-Linken getragen wurden. Es war aussichtslos, die durch die Medien verbreiteten Pauschalverdikte gegen die überschuldeten Länder des südeuropäischen »Olivengürtels« aufzubrechen. Nicht nur die Interessenvertretungen der großindustriellen Kernbelegschaften schwiegen im Wissen um ihre Teilhabe an den

Vorteilen des neomerkantilistischen Wirtschaftsmodells. Auch die prekarisierten Schichten der arbeitenden Klassen rührten sich nicht. Warum sollte es den Unterklassen der europäischen Peripherie anders ergehen als ihnen selbst, die sie die Entbehrungen der Austeritätspolitik schon Jahre zuvor hatten hinnehmen müssen?

Das Fehlen einer glaubwürdigen Alternative

Somit müssen wir uns eingestehen, dass der soziale Widerstand trotz seiner beeindruckenden Breite und der Vielfalt seiner Manifestationsformen in eine Sackgasse geraten ist. Es ist weder gelungen, die inneren sozialen Spaltungsmechanismen zu überwinden noch das durch die sozioökonomischen Ungleichgewichte bedingte mentale Nord-Süd-Gefälle ins Wanken zu bringen. In Ost- und Südosteuropa wurde der soziale Protest gegen die Austeritätsprogramme der postsozialistischen und neokonservativen Regimes sogar von neofaschistischen Organisationen aufgenommen und instrumentalisiert. In Griechenland kommt es inzwischen teilweise zu ähnlichen Entwicklungen.

Wie ist diese Blockade zu deuten? Oberflächliche Schuldzuweisungen sind sicher fehl am Platz. Unseres Erachtens gibt es zwei wichtige Erklärungsansätze. Der soziale Widerstand blieb erstens im Wesentlichen auf den jeweiligen nationalstaatlichen Rahmen begrenzt und konnte deshalb von den Machtzentren der Europäischen Union leicht isoliert werden. Und zweitens fehlte ihm eine programmatische Blaupause, die es den Trägern des Massenprotests ermöglicht hätte, glaubwürdige Alternativen zu den

Austeritätsprogrammen aufzuzeigen. Selbst diejenigen Generalstreiks, an denen sich das gesamte Spektrum der Unterklassen beteiligte, wurden spätestens nach zwei Tagen wieder abgebrochen, weil niemand eine Vorstellung davon hatte, was nach einem politischen Umsturz zu tun wäre. Zwar gab es Handlungsvorschläge in Hülle und Fülle, wie wir gleich sehen werden. Aber sie waren unglaubwürdig und vermittelten schon beim ersten Durchdenken ihrer Konsequenzen den Eindruck, dass bei ihrer Umsetzung alles noch schlimmer kommen könnte.

Wer die seit dem Frühjahr 2010 in den europäischen Peripherieländern in die Debatte geworfenen Alternativvorschläge zur Krisenüberwindung durchmustert, sieht diesen Eindruck rasch bestätigt. Orthodoxe wie heterodoxe Parteien und Splittergruppen propagierten den sofortigen Austritt ihrer Länder aus der Euro-Zone, die Wiedereinführung der nationalen Währung, die Verstaatlichung der Banken und industriellen Schlüsselsektoren, die Annullierung der öffentlichen Schulden und Austeritätsprogramme sowie den Übergang zu einer nationalen Wirtschaftsplanung. Die Folgen eines solchen Szenarios waren von Anfang an leicht abschätzbar, denn es handelte sich letzten Endes um eine Art »Schocktherapie von links«. Da dieses Programm nicht über Nacht, sondern erst im Ergebnis wochenlanger politischer Wirren umgesetzt werden könnte, kämen die Einführung von Kapitalverkehrskontrollen und die Nationalisierung der Banken viel zu spät, um eine fast vollständige Kapitalflucht zu verhindern. Infolgedessen wäre die Wiedereinführung der Nationalwährung von einem sprunghaften Anstieg der Inflation begleitet, die innerhalb weniger Wochen zur Hyperinflation entgleisen würde. Die nationale Wirtschaftsleistung würde um mindestens ein Drittel zurückgehen, die Erwerbslosigkeit nochmals um 35 bis 40 % ansteigen. Darüber hinaus würde es der sofort einsetzende europäische und internationale Boykott unmöglich machen, die Produktionsbasis zu erneuern und den Export anzukurbeln. Noch schlimmer wäre es um die Einfuhrseite bestellt. Der neuen Regierung würden von Anfang an die Devisen zum Import von Nahrungsmitteln, Medikamenten, Energieträgern und Industrierohstoffen fehlen. Eine Hungerkatastrophe wäre die Folge, und die aus dem EU-Verbund ausgetretene Nationalökonomie würde in den Status eines verarmten Entwicklungslands zurückfallen.

Natürlich waren zahlreichen südeuropäischen Ökonomen, die sich mit den Massenprotesten solidarisierten, die Fallstricke dieses archaischen Umsturzkonzepts bewusst. Sie suchten deshalb nach akzeptableren Lösungen. Aber es fiel ihnen schwer, aus ihrer vehement vorgetragenen Kritik an den – die innereuropäischen Ungleichgewichte verschärfenden – Austeritätsprogrammen positiv umsetzbare Gegenkonzepte zu entwickeln. Am plausibelsten wirkte der Vorschlag des griechischen Bündnisses der radikalen Linken SYRIZA: Um dem Fiasko eines isolierten Austritts aus der Euro-Zone zu entgehen, sollte das Bündnis nach einem Wahlsieg die Austeritätsprogramme annullieren, die Banken nationalisieren, ein Schuldenmoratorium verkünden und den Kampf mit der Troika und den EU-Gremien um die Fortsetzung der Darlehensprogramme und einen weitreichenden Schuldenschnitt aufnehmen. Wie wir wissen, kam dieses Konzept nicht zum Zug, weil SYRIZA nicht in die Regierung gewählt wurde. Trotz einiger Appelle an die europäische Solidarität handelte es sich auch in diesem Fall um ein rein nationalstaatliches Vorgehen, das keine Realisierungschance hatte. Viele SYRIZA-Sympathisanten sollen deshalb der Wahl ferngeblieben sein oder für andere Parteien gestimmt haben, um dem Parteibündnis nach einem Wahlsieg die Preisgabe seines Programms und den unausweichlichen Gang nach Canossa zu ersparen. Ohne den Schulterschluss mit den übrigen Peripherieländern und einer breiten gesamteuropäischen Solidaritätsbewegung erschien auch diese Lösungsvariante illusorisch.

Dessen ungeachtet handelte es sich beim SYRIZA-Projekt um einen ersten Schritt in einem langwierigen Lernprozess, aus dessen Scheitern andere euro-kritische Ökonomen wichtige Schlüsse ziehen konnten. Vor allem einige italienische Analytiker ergriffen die Initiative und schlugen ein gemeinsames Vorgehen der mediterranen Peripherieländer gegen das Austeritätsdiktat der Troika und der Regierungen der Länder der Kernzone vor. Ihr Appell zum »Erwachen der PIGS-Staaten« hatte auf den ersten Blick viel für sich. Sie empfahlen, die Peripherieländer Portugal, Italien, Griechenland und Spanien – die sogenannten PIGS-Staaten – sollten gemeinsam die Euro-Zone verlassen, eine neue Gemeinschaftswährung einführen, die Banken und wirtschaftlichen Schlüsselsektoren nationalisieren, ein Schuldenmoratorium verkünden und die politisch-institutionellen Voraussetzungen für die Gründung einer neuen Wirtschaftsunion der Mittelmeerländer schaffen. Wenn es gelinge, den makroökonomischen Paradigmenwechsel in der gebotenen Schnelligkeit zu vollziehen, dann sei es auch möglich, die Kapitalflucht in Grenzen zu halten, die neomerkantilistische Hegemonie abzuschütteln und die Abwertungseffekte der neuen Gemeinschaftswährung zu einer Stimulierung der Exporte zu nutzen.

Dieses Szenario war schon vor seiner Präsentation auf den Foren der italienischen und iberischen Protestbewegung von angelsächsischen Experten auf seine Machbarkeit hin durchgespielt worden. Ihr Ergebnis war ziemlich ernüchternd ausgefallen. Es war klar, dass die globale Stagnation im Fall einer Umsetzung dieses Programms erneut in eine schwere Rezession umschlagen würde, was die Chancen der neuen Wirtschaftsunion auf den Weltmärkten mittelfristig erheblich beeinträchtigte. Hinzu kam das zu geringe ökonomische Potenzial der neuen Süd-Union. Selbst wenn es gelänge, die Kapitalflucht in die Euro-Zone zu verhindern – was die Experten bezweifelten – , wäre die Süd-Union unfähig, sich gegen den sofort einsetzenden Boykott der EU-Gremien und der globalen Kapitalvermögensbesitzer zu behaupten. Die mediterrane Wirtschaftsunion sei dann zwar dem Diktat der neomerkantilistischen Kerngruppe entronnen, aber nur um den Preis eines langfristigen Rückschlags, der sie um Jahrzehnte zurückwerfe und keinen Spielraum für die Stabilisierung der Arbeitsverhältnisse und den Wiederaufbau verlässlicher sozialer Sicherungsnetze belasse. Aus diesen Analysen zogen einige postkeynesianische Euro-Kritiker der italienischen Schule den Schluss, dass wohl doch nur eine gesamteuropäische Lösung in Frage komme. Sie empfahlen deshalb, an jene Jahrzehnte des europäischen Integrationsprozesses wieder anzuknüpfen, die noch nicht durch die gemeinsame Wechselkurspolitik und den Weg zum Euro bestimmt waren. Die Einheitswährung sollte ihren Vorstellungen zufolge in einer gemeinsamen Anstrengung aller Mitgliedsländer wieder abgeschafft werden. Während die Geld-, Finanz- und Fiskalpolitik wieder in den Hoheitsbereich der Mitgliedsstaaten zurückfalle, sollten die in den 1960er Jahren begonnenen Ansätze zur Koordination und Integration der Realwirtschaft wieder aufgenommen und verstärkt werden.

Allen diesen Alternativvorschlägen ist gemeinsam, dass sie sich fast ausschließlich auf die Währungs- und Finanzsphäre konzentrieren. Sie werden als die entscheidenden Hebel eingeschätzt, die es ermöglichen sollen, länder- oder gruppenweise oder auch in einer gesamteuropäischen Anstrengung die bedrohlich gewordenen Ungleichgewichte zu überwinden und den Austeritätskurs zu beenden. Infolgedessen blieben wesentliche Aspekte unberücksichtigt, die die Perspektive eines radikalen politisch-ökonomischen Kurswechsels mit den elementaren Bedürfnissen des sozialen Widerstands verbinden könnten. Die arbeitenden Klassen und Schichten, die sich immerhin zu teilweise jahrelang durchgehaltenen Protestkampagnen aufgerafft hatten, fehlen als handelnde Subjekte und Akteure kollektiver Lernprozesse. Sie bleiben auf die Rolle passiver Statisten beschränkt, die von den Alternativprogrammen überzeugt werden müssen, damit sie die intellektuellen Gegen-Eliten an die politischen Schalthebel wählen. Mit den Austeritätsprogrammen war aber nicht nur der Gesellschaftskompromiss zerstört, sondern auch die repräsentative Demokratie ruiniert worden. Dieser Aspekt blieb ausgeklammert, und zwar auch in solchen – sehr seltenen – Beiträgen, in denen über eine Koordination des sozialen Widerstands der auseinanderdriftenden Süd- und Nordzone der Europäischen Union nachgedacht wurde.

Wie dem auch sei: Die Millionen von Menschen, die in den vergangenen Jahren in den EU-Mitgliedsländern auf die Straße gingen, haben sich nicht überzeugen lassen. Sie hielten sich nicht nur deshalb zurück, weil es in den Alternativprogrammen für ihr Verlangen nach Selbstbestimmung über ihre Zukunft keine Anknüpfungspunkte gab. Sie haben auch den makroökonomischen Konzepten selbst misstraut. Die nationalstaatlich begrenzten Programme sind bei ihrer Risikoabwägung sofort durchgefallen. Das SYRIZA-Projekt wurde als unrealistisch eingestuft. Der Vorschlag, einen mediterranen Währungsblock zu begründen, überzeugte nicht restlos. Am ehesten schien noch der gemeinsame Abschied aller Euro-Länder von der Einheitswährung gangbar, aber wer sollte den dafür erforderlichen europaweiten Konsens herstellen? Und würde es danach wirklich wieder aufwärts gehen?

Wie berechtigt diese Zweifel in der Tat sind, zeigt ein kurzer Blick auf die euro-politischen Diskurse in den Kernländern der Eurozone. Auch dort wird seit dem Frühjahr 2010 heftig über die Fortführung oder die Preisgabe der Einheitswährung diskutiert – und dabei geben die nationalkonservativen Flügel des politisch-wirtschaftlichen Establishments den Ton an. Beim Nachlesen ihrer Memoranden, Bücher und Aufrufe bekommen wir einen paradoxen Spiegel vorgehalten. Dort heißt es seit Jahren, Griechenland und am besten gleich alle Länder des »Olivengürtels« sollten die Euro-Zone verlassen. Sträubten sie sich aber dagegen, dann sollten die Nordländer als Erste diesen Schritt vollziehen, um dem Spuk der Einheitswährung ein Ende zu bereiten und zu verhindern, dass die Profiteure der neomerkantilistischen Expansionspolitik zu Ausgleichszahlungen an den Süden gezwungen werden. Inzwischen gibt es auch elaborierte Konzepte zur Bildung einer nördlichen und einer südlichen Währungsgruppe, eines Nord-Euro und eines Süd-Euro. Der Süd-Gruppe der PIGS-Staaten sollte den Bekundungen der neokonservativen Wirtschaftsmanager und Publizisten zufolge am besten auch Frankreich zugeschlagen werden. Dagegen sei die aus Deutschland, den Beneluxländern, Österreich und Finnland zu formierende Nord-Gruppe gut beraten, wenn sie sich zusätzlich Dänemark und Tschechien eingemeinde. Die ökonomischen Motive für diese geografische Zweiteilung liegen auf der Hand: Die von den Transfer-Töpfen und Troika-Darlehen abgekoppelte Südgruppe könne versuchen, den Abwertungseffekt ihrer neuen Blockwährung zu einer exportorientierten Restrukturierung zu nutzen. Und die nördlichen Geberländer hätten zusätzlich zur Beendigung ihrer Garantie- und Transferleistungen den Vorteil, dass sie die zu erwartende Aufwertung ihrer Währungseinheit durch eine Intensivierung ihres Binnenhandels ausgleichen könnten. Diese fast spiegelbildliche Homogenität sollte hellhörig machen. Es kann etwas nicht stimmen, wenn die nationalkonservativen Flügel des neomerkantilistischen Euro-Blocks genauso argumentieren wie ihre erbitterten linken (orthodox-kommunistischen, neotrotzkistischen und postkeynesianischen) Kontrahenten im Süden.

Von den »entscheidenden Reformen« zu neuen Ufern: Vorüberlegungen

Wie könnte ein Alternativkonzept aussehen, das nicht nur die aufgezeigten makroökonomischen Widersprüche auf überzeugende Weise aufzuheben verspricht, sondern gleichzeitig auch dem weit verbreiteten Bedürfnis nach einer selbstbestimmten Gestaltung der sozialökonomischen Existenzbedingungen gerecht wird? Bevor wir uns dazu äußern, möchten wir drei Prämissen vorausschicken, von denen unser Diskussionsangebot ausgeht.

Die erste Prämisse basiert auf der im Ergebnis unseres jahrzehntelangen Engagements gewonnenen Einsicht, dass die Revolutionsmodelle, die einst die verschiedenen Strömungen der Arbeiterlinken beflügelten, überholt sind. Ihre Konzepte gingen trotz teilweise gravierender Unterschiede von der gemeinsamen Annahme einer extrem kurzen Umbruchsperiode aus, in der der Systemwechsel stattfindet. Darüber hinaus herrschte Einigkeit darüber, dass die langwierigen Perioden der Hegemonialkämpfe nichts mit dem Systemwechsel selbst zu tun hätten. Reform und Revolution standen einander unvermittelt gegenüber. Die »revolutionären Avantgarden« wollten sich mit den »reformistischen« Alltagskämpfen der arbeitenden Klassen und Schichten nicht gemein machen; nur eine kleine Minderheit handelte dieser Maxime zuwider und verband ihr alltägliches Handeln mit den Perspektiven eines konkreten Systembruchs. Die breite Mehrheit der organisierten Arbeiterbewegung wollte hingegen weder mit den Optionen der revolutionären Kaderparteien noch mit den anarchosyndikalistischen Randströmungen etwas zu tun haben. Sie behandelte die soziale Revolution als unverbindliches programmatisches Versatzstück, das sie in den Niederungen der Reformpolitik zu nichts verpflichtete; die Frage, wie es nach einem Systembruch weitergehen sollte, blieb deshalb unerörtert. Nur die revolutionäre Opposition diskutierte sie lebhaft. Aber ihr fehlte häufig der Bezug zur gesellschaftlichen Praxis – zu den alltäglichen Arbeits- und Sozialkonflikten der Unterklassen und ihren daraus hervorgehenden Lernprozessen.

Infolgedessen fanden die emanzipatorischen Bedürfnisse und Erfahrungshorizonte der arbeitenden Armen keinen Eingang in die Diskurse der Intellektuellen. Die damit verbundenen Lernprozesse sind vielschichtig und vor allem zeitaufwändig. Die subalternen Klassen erleben den Weg zur Durchsetzung ihrer Existenzrechte als einen langwierigen Prozess, in dem sich Etappen der Beschleunigung, Phasen der Verlangsamung und zeitweilige Rückschläge aneinanderreihen. In diese Etappen sind immer wieder auch systemsprengende Experimente eingebunden, die in der gesellschaftlichen Praxis überprüft werden. Reform und Revolution sind somit keine sich gegenseitig ausschließenden Seiten des emanzipatorischen Handelns, sie bilden vielmehr im kollektiven Gedächtnis der arbeitenden Klassen eine unzertrennliche Einheit. Dabei können sich die »entscheidenden« Reformen, die schließlich den Systembruch herbeiführen, auf mehrere Etappen verteilen und sich über längere Zeitspannen erstrecken, die einen oder mehrere Generationswechsel einschließen.

Das aber besagt auch, dass die Geschichte nach dem endlich erzielten Umbruch des herrschenden Systems nicht plötzlich in einem imaginären Reich der Freiheit enden wird. Sie muss vielmehr aktiv weiter gestaltet werden – so lange, bis alle Menschen ihre Grundbedürfnisse nach Nahrung, Kleidung, Wohnung, Gesundheit, Gerechtigkeit, Information und Bildung uneingeschränkt zu befriedigen vermögen, und bis die sozialen, ökonomischen, politischen, geschlechtsspezifischen, ethnischen und kulturellen Herrschaftsstrukturen überwunden sind. Früher wurde dieser immer wieder neu zu behauptende und weiterzutreibende Zustand als »klassenlose Gesellschaft« bezeichnet. Heute wissen wir, dass diese Pauschalformel nicht mehr genügt. Sie muss durch die präzise Definition dessen ersetzt werden, was soziale Gleichheit, soziale Gerechtigkeit und ein von jeglichen Herrschaftsbeziehungen befreites gesellschaftliches Leben ausmacht.

Die zweite Prämisse bezieht sich auf ein Problemfeld, das wir als »systemischen Nationalismus« bezeichnen. Viele Linke, die sich in ihrem eigenen Selbstverständnis für entschiedene Anti-Nationalisten halten, bleiben trotzdem in ihrem Habitus und ihren Denkstrukturen in Begriffsrastern befangen, die die Phänomene des sozialen und politischen Lebens aus einer rein nationalstaatlichen Perspektive angehen. Dieser Zustand kommt nicht von ungefähr. Die überwiegende Mehrheit der Arbeiterbewegung war staatsorientiert. Sie behandelte den Nationalstaat als überzeitliche Größe und übersah, dass der moderne Nationalstaat historisch auf das 19. und 20. Jahrhundert begrenzt ist. Sie hielt den nationalen »Volksstaat« für den entscheidenden strategischen Hebel zum sozialen Fortschritt. Nur bezüglich der Taktik gab es unterschiedliche Sichtweisen. Die Reformparteien wollten den Nationalstaat auf dem parlamentarischen Weg unter ihre Kontrolle bringen, während oppositionelle Minderheiten auf den gewaltsamen Umsturz setzten, um sich der politischen Herrschaftsinstrumente zu bemächtigen und anschließend ein zentral gesteuertes Wirtschaftssystem aufzubauen.

Die mit dem nationalstaatlichen Paradigma verbundenen Hypothesen sind durch die Geschichte der letzten hundert Jahre widerlegt worden. Nicht die Arbeiterklasse hat den Nationalstaat erobert und sich untertan gemacht, sie ist vielmehr durch die »staatsbürgerliche Erziehung«, die Wehrpflicht, die Besteuerungssysteme sowie die Enteignung und Nationalisierung ihrer sozialen Selbsthilfeeinrichtungen in ihn integriert worden. Wie weit die »Nationalisierung« der transatlantischen Arbeiterbewegung schon zu Beginn des 20. Jahrhunderts fortgeschritten war, zeigte sich schlagartig bei der Auslösung des Ersten Weltkriegs. Historische Forschungen haben gezeigt, dass ihre Kriegsbegeisterung ziemlich exakt mit dem Grad ihrer jeweiligen nationalstaatlichen Integration übereinstimmte.

Es gab aber auch revolutionäre Konstellationen, in denen genuine Arbeiterregierungen an die politischen Schalthebel gelangten. Was danach geschah, ist für unsere Fragestellung von besonderer Bedeutung. Sehen wir dabei vom russischen Oktober ab, der aus inneren wie äußeren Gründen scheiterte, so verbleiben uns zwei Episoden aus der west- und südeuropäischen Geschichte, die außergewöhnlich lehrreich sind. Nach einer Welle von Massenstreiks formierte sich im Frühsommer 1936 die französische Volksfrontregierung. Kurze Zeit später revoltierten die spanischen Unterklassen gegen den Militärputsch der Generäle und brachten eine Arbeiterregierung an die Macht. Innerhalb kürzester Frist entwickelte sich ein unlösbares Dilemma. Die Masse der Arbeiterinnen und Arbeiter erfreute sich ihres Siegs über die Fabrikherren, die Latifundisten und die großen Familien und feierten in ihren selbstverwalteten Produktionsstätten rauschende Feste. Ihre politischen Repräsentationen sahen die Dinge dagegen ganz anders. Um sich gegen die faschistische Bedrohung durch Deutschland, Italien und die Franco-Generäle zu behaupten, waren sie auf die rasche Wiederankurbelung der Wirtschaft und den Ausbau der Rüstungsindustrie angewiesen. Sie starteten deshalb patriotische Kampagnen zur Wiederherstellung der Arbeitsmoral. Als dies nur wenig fruchtete, schickten sie Kommissare in die Fabriken und griffen zu Repressalien. Ganz gleich, ob Kommunisten, Sozialisten oder Anarchisten die Betriebsleitungen übernahmen: Der Konflikt zwischen kommandierender und kommandierter Arbeit erwies sich als unüberbrückbar. Die Umsturzregierungen verloren ihre soziale Basis. Ihre Niederlage war nur eine Frage der Zeit. Knapp zwanzig Jahre nach dem Scheitern der russischen Revolution stellte das Fiasko von Paris und Barcelona endgültig unter Beweis, dass der nationalstaatlich begrenzte Weg in die Sackgasse führt. Seither war klar: Der Systembruch ist nur noch auf der Grundlage eines transnational koordinierten Vorgehens möglich, das ganze Kontinente oder Weltregionen umfasst und von der ökonomisch-politischen Konterrevolution nicht mehr isoliert werden kann. Trotzdem blieben die metropolitanen Arbeiterorganisationen und später die antikolonialen Befreiungsbewegungen auf den Nationalstaat fixiert. Dafür, dass sich die überwiegende Mehrheit der Arbeiterbewegung mit ihm identifizierte, musste sie einen hohen Preis bezahlen: Eine Serie von Niederlagen und schließlich ihren Untergang.

Über eine weitere Episode im Verhältnis zwischen Nationalstaat und Arbeiterbewegung haben wir uns schon bei unseren Überlegungen über die Metamorphosen der Nachkriegssozialdemokratie geäußert: Die Ära des vollbeschäftigungsorientierten Sozialstaats. Dabei können wir davon ausgehen, dass der sozial-keynesianische Paradigmenwechsel, der den sozialdemokratischen Parteien den Weg zur Mitgestaltung des staatlichen Regulationssystems ebnete, auch eine Antwort auf die Große Depression und die Niederlagen der 1930er Jahre darstellte. Aufgrund dieser Symbiose hat das Problem des systemischen Nationalismus bis über die 1980er Jahre hinaus fortgewirkt. Aber damit ist es inzwischen vorbei, und es zeigt sich in aller Klarheit, dass der moderne Nationalstaat ein historisch begrenztes Phänomen des 19. und 20. Jahrhunderts gewesen ist. Im Kontext der neoliberalen Restauration wurde er der Logik der Weltmärkte unterworfen, auf seine makroökonomischen Regulationsfunktionen zurückgestutzt und in einen »Wettbewerbsstaat« umgewandelt, der – entweder einzeln oder im Kontext supranationaler Wirtschaftsblöcke – mit anderen Nationalökonomien um die Attraktion der globalen Kapitalströme konkurriert. Für Zugeständnisse an die arbeitenden Klassen ist da kein Platz mehr, weder in der Arbeitsmarktpolitik noch im Bereich des Bildungs- und Gesundheitswesens oder im Hinblick auf die sozialen Sicherungssysteme sowie den Schutz der öffentlichen Güter. Diese dramatische »Entstaatlichung« der subalternen Lebensverhältnisse eröffnet aber auch neue Handlungsmöglichkeiten. Sie stimuliert uns zum Nachdenken darüber, wie wir die Gestaltung unserer Existenzbedingungen und Sicherheitsbedürfnisse wieder selbst in die Hand nehmen könnten, um die positiven Aspekte der sozialen Sicherungssysteme zu bewahren und weiterzuentwickeln. Da sich der Nationalstaat zunehmend seiner sozialen Sicherungsfunktionen entledigt, erhält ein selbstverwalteter Wiederaufbau des Bildungswesens, des Gesundheitssektors, der öffentlichen Infrastruktur und der sozialen Rentenfonds neue Chancen. Dafür sind gründlich durchdachte Konzepte erforderlich, um sicherzustellen, dass die patriarchalen, hierarchischen und bürokratischen Strukturen des früheren Sozialstaats nicht restauriert werden: Die Gleichbehandlung aller Schichten der Gesellschaft muss auch die Gleichheit der Geschlechter und aller Benachteiligten (chronisch Kranke, Behinderte usw.) implizieren und die soziale Gleichheit Aller zur entscheidenden Maxime des Wegs in eine selbstverwaltete Wohlstandsgesellschaft machen. Dadurch könnten auch die historischen Hypotheken überwunden werden, mit denen die Arbeiterbewegung für ihre etatistische Orientierung gezahlt hat. Für die subalternen Klassen scheint uns heute nur noch eine internationalistische Perspektive denkbar, die auch über die supranationalen Blockbildungen hinausgreift.

Unsere dritte Prämisse bezieht sich auf das Problem der gesellschaftlichen Praxis. Uns ist sehr wohl bewusst, dass es verkürzt wäre, aus den aktuellen Prekarisierungs- und Verelendungsprozessen die sich quasi von selbst ergebende Entwicklung eines nachhaltig anwachsenden sozialen Widerstands abzuleiten. Dafür ist der soziale Raum, auf den die Austeritätsprogramme einwirken, viel zu komplex und dynamisch. Die gegen die Unterklassen betriebene ökonomische Repression berührt zahlreiche, eng miteinander verflochtene Felder des gesellschaftlichen Lebens: den sozialen Habitus, die Legitimationsstrukturen der politischen Herrschaft und die kulturellen Normensysteme. Sie kann infolgedessen nicht auf einzelne Aspekte der Ausbeutung oder des aktuellen Verarmungsprozesses bezogen werden. Vielmehr ist davon auszugehen, dass die Haushalte der subalternen Klassen durch die vielfältigen Auswirkungen der Austeritätspolitik in ihrer Gesamtheit erschüttert und zu weitreichenden Anpassungshandlungen und Vermeidungsreaktionen gezwungen werden. Durch die damit verbundenen Entwertungs- und Entrechtungsprozesse werden elementare Normen der sozialen Gerechtigkeit und der politischen Legitimation in Frage gestellt. Das aber bedeutet, dass die gleichen Mechanismen, die die arbeitenden Klassen und unteren Mittelschichten einem radikal beschleunigten Umstellungsdruck aussetzen, sehr wohl in einen entschiedenen sozialen Widerstand umschlagen können.

Inzwischen ist unbestreitbar, dass sich die subalternen Klassen Europas nach sechs Krisen- und Depressionsjahren in einer Umbruchsituation befinden. Je länger diese Depression andauert, desto schneller schwinden die materiellen Reserven, die sich die Arbeiterhaushalte europaweit zugelegt hatten, um für noch schlechtere Zeiten vorzusorgen. Ihre kleinen Vermögen – Haus- und Wohnungsbesitz, Familienschmuck, langlebige Konsumgüter und Ersparnisse zur sozialen Vorsorge – sind in der Krise geschrumpft und werden jetzt wegbesteuert oder auf andere Weise konfisziert. Aufgrund der steigenden Erwerbslosigkeit, der

Rentenkürzungen und der sich dramatisch beschleunigenden Ausgrenzung der nachwachsenden Generation sinken gleichzeitig auch die laufenden Haushaltseinkommen. Auf diese Weise verschlechtern sich die Anpassungs- und Überlebensbedingungen auf allen Ebenen. Und da das so ist, entwickelt sich im Kontext der damit verbundenen sozialen Ungerechtigkeit und des Legitimationsverlusts des politischen Systems allmählich die Bereitschaft zum sozialen Widerstand und zur Suche nach selbstbestimmten Alternativlösungen, die über die Formen der nachbarschaftlichen Nothilfe hinausgehen. Der sich herausbildende soziale Widerstand und die sich parallel dazu entwickelnden Phänomene der alternativen Ökonomie und der Wiederaneignung der öffentlichen Güter bilden den Ausgangspunkt unseres Diskussionsangebots zur Ingangsetzung systemüberwindender »entscheidender Reformen«.

Darüber hinaus stellt sich die Frage nach den Bedingungen zur Herausbildung einer neuen Klassenkonfiguration, die die Vielschichtigkeit und kulturelle Vielfalt des Multiversums bewahrt, sich gleichzeitig aber in ihrem Widerstand gegen den Klassenkampf von oben vereinigt. Es gibt deutliche soziale, wirtschaftliche, politische und kulturelle Homogenisierungstendenzen, die für eine solche Entwicklung sprechen. So können wir beispielsweise aus einigen aktuellen statistischen Erhebungen den Schluss ziehen, dass sich die Vermögens- und Einkommensverhältnisse der Unterschichtshaushalte europaweit annähern: Hatten bis Krisenbeginn die Haushalte der Peripherieländer deutlich aufgeholt und diejenigen der Kernzone hinsichtlich der Vermögensentwicklung sogar übertroffen, so kehrte sich dieser Trend in den vergangenen Depressionsjahren wieder um und ebnete sich zugunsten eines europaweit anhaltenden sozialen Abstiegs ein. Ähnliche Homogenisierungstendenzen sind auch bei einigen Alterskohorten zu beobachten, so etwa die sich europaweit ausbreitende Altersarmut und der

Anstieg der Jugenderwerbslosigkeit, der inzwischen nur noch einige Kernländer ausspart. Dadurch ist eine kontinentale Wanderungsbewegung in Gang gekommen: Vor allem hoch qualifizierte Jugendliche verlassen zu Hunderttausenden die Peripherieländer in Richtung Kernzone und bewirken dadurch einen europäischen Integrationsprozess »von unten«, der sich, wenn er weiter anhält, zu einer Wiederholung der Arbeitsmigration der Großväter aus den 1960er Jahren führen könnte. Die Beispiele könnten beliebig fortgesetzt werden. Sie stellen unter Beweis, dass die von uns vorgeschlagene transnationale Perspektive des sozialen Widerstands keine Kopfgeburt ist, sondern mit wichtigen sozialen Entwicklungstendenzen übereinstimmt.

Gleichwohl wäre es falsch, aus der Analyse dieser Trends auf eine zunehmende Homogenisierung der Erfahrungen und Lernprozesse der subalternen Klassen schließen zu wollen. Es handelt sich dabei lediglich um Entwicklungstendenzen, die eine Ausbreitung und Kollektivierung des sozialen Widerstands zwar begünstigen, jedoch die dafür erforderliche Herausbildung der handelnden Subjekte nicht zu ersetzen vermögen. Die Frage, ab wann sich die um ihre sozialen und politischen Rechte sowie ihre kulturelle Würde gebrachten Haushalte der subalternen Klassen – Familien, Wohngemeinschaften und Kleinkollektive – entschließen, ihre engen Überlebenshorizonte zu verlassen, widerständige Netzwerke zu bilden und zu größeren Gruppierungen der direkten Aktion aufzuschließen, wird allein von ihren Mitgliedern entschieden. Und da diesen Kleinkollektiven die unterschiedlichsten Schichten des Multiversums – Erwerbslose, GelegenheitsjobberInnen, Scheinselbstständige, IndustrieproletarierInnen, Bildungs- und WissensarbeiterInnen usw. – angehören, wird sich wohl kaum eine »zentrale Schicht« herausbilden können, die die anderen Segmente ihrer Hegemonie unterordnen könnte wie einst der männliche und doppelt freie Lohnarbeiter. Offen bleibt lediglich die Frage, wie es gelingen könnte, die korporatistische Selbstisolierung zu durchbrechen, in der die schrumpfenden Kernbelegschaften der exportorientierten Großunternehmen gefangen sind. Es wird wohl noch einige Zeit dauern, bis sie in den Sog der neuen sozialen Bewegung geraten und die sie lähmenden Abstiegsängste abstreifen werden.

Umrisse eines Aktionsprogramms

Im Folgenden skizzieren wir die Eckdaten eines ersten Aktionsprogramms, das von den defensiven Zielstellungen des sozialen Widerstands ausgeht, also den Stopp der Austeritätsprogramme, ein Schuldenmoratorium und erste Hilfsaktionen zur Behebung der grassierenden Verarmungsprozesse voraussetzt. Die wichtigste Aufgabe des Aktionsprogramms besteht somit darin, die Plausibilität und Erfolgschancen eines politischen und sozialen Umbruchs aufzuzeigen, der den Bedürfnissen nach sozialer Gerechtigkeit und nach der Wiederherstellung von existenzieller Sicherheit und Würde Rechnung trägt sowie gleichzeitig aufzeigt, auf welche Weise die dafür erforderliche neue politische Legitimation erkämpft werden könnte. Das Aktionsprogramm soll letztlich dazu beitragen, die mentalen Blockaden beiseitezuräumen, die die sozialen Bewegungen aufgrund ihrer Perspektivlosigkeit von Aktionsformen abhielten, die den Bruch mit der restriktiven Sozial- und Wirtschaftspolitik herbeiführen könnten. Verständlicherweise müssen wir uns bei diesem Umriss auf die wesentlichen Schwerpunkte beschränken.

1.
Arbeitsbedingungen, Arbeitszeiten und Arbeitsentgelte

Das Feld der Arbeitsverhältnisse entscheidet heutzutage mehr denn je über die sozial regressiven oder progressiven Entwicklungstendenzen einer Klassengesellschaft. Damit die arbeitenden Klassen ihre Belange selbst in die Hand nehmen können, müssten sie in einem ersten Schritt erst einmal die sie zermürbenden und einengenden Arbeitsbeziehungen verändern, um sich die dafür erforderliche Energie und Muße anzueignen. Deshalb sind das Arbeitstempo und die Arbeitsrhythmen in allen Bereichen der gesellschaftlichen Arbeit zu entschleunigen: In den Fabrikhallen und Distributionszentren, aber auch im Bildungswesen, bei der Altenpflege und der Wissensarbeit. Gleichzeitig muss die individuelle Gesamtarbeitszeit – ganz gleich, ob sie auf einen oder mehrere Arbeitsplätze verteilt ist – radikal reduziert werden, um die Massenerwerbslosigkeit zu beseitigen. Dies sollte bei vollem Lohnausgleich geschehen, verbunden mit einer Zurücknahme der Spreizung der Lohn- und Gehaltsschere auf eine Proportion von 1:5 bei gleichzeitiger substanzieller Anhebung der Mindestlöhne und linearen Lohnerhöhungen. Alle diese Eingriffe werden erste Impulse zur Aufhebung der Kluft zwischen kommandierender und kommandierter Arbeit auslösen, die junge Generation in die Sphäre der gesellschaftlichen Reproduktion einbeziehen und eine umfassende Demokratisierung der Arbeitsverhältnisse in Gang bringen.

2.
Wiederherstellung der sozialen Sicherheit und Würde

Mit den Initiativen zur Demokratisierung der Arbeitsverhältnisse werden Aktivitäten zur Wiederherstellung der existenziellen und sozialen Sicherheit der Haushalte der arbeitenden Klassen und Schichten einhergehen. Dabei ist es nicht ratsam, die Sicherungssysteme so zu restrukturieren, wie dies in der Ära des sozialen Keynesianismus der Fall war. Sie sollten vielmehr von ihren sozial disziplinierenden Bindungen an die jeweils zu erbringende Lebensarbeitsleistung abgetrennt werden. Dabei wäre von ersten Akutmaßnahmen wie der europaweiten Durchsetzung einer allgemeinen Krankenversicherung, der Aufstockung der Sozialhilfesätze und einer standardisierten Altersrente auszugehen, die die mit der Armut verbundene Existenzunsicherheit gesamtgesellschaftlich aufheben. Davon ausgehend könnte dann ein System der allgemeinen sozialen Grundsicherung begründet werden, das die Armut dauerhaft beseitigt, die Gleichheit der Geschlechter und Generationen materiell begründet sowie allen benachteiligten Gruppen die uneingeschränkte Teilnahme am gesellschaftlichen Leben ermöglicht. In einer späteren Entwicklungsstufe könnte dieser allgemeine soziale Sicherungsfonds wieder dezentralisiert und in die kommunalen bzw. regionalen Selbstverwaltungsstrukturen integriert werden.

3.
Rückverteilung des gesellschaftlichen Reichtums von oben nach unten

Selbstverständlich wird die voranschreitende Vergesellschaftung der Arbeits- und Sozialpolitik erhebliche und dauerhaft zu erbringende Kosten verursachen. Infolgedessen sind großzügige und auf mehreren Ebenen greifende Maßnahmen zur Umverteilung des gesellschaftlichen Reichtums erforderlich, den sich die oberen Mittelschichten, Funktionseliten und Kapitalvermögensbesitzer seit den 1970er Jahren in immer größerem Ausmaß angeeignet haben. Wir können hier nur die wichtigsten Aktivitätsfelder benennen: die markante Anhebung der Kapitalsteuern, die europaweite Einführung einer Vermögensteuer, eine deutliche Anhebung des oberen Drittels der Einkommensteuern, die progressive Besteuerung der Erbschaften und die Umwandlung der millionenschweren Erbschaften in regionale Kultur- und Sozialfonds sowie die dauerhafte Etablierung einer Transaktionssteuer, die auf allen Kapitalmärkten eingezogen wird. Darüber hinaus wird in der ersten Übergangsphase eine gezielte Abschöpfung aller großen Kapitalvermögen erforderlich sein, um die Nivellierung der Einkommensverteilung unumkehrbar zu machen.

4.
Verhinderung der Kapitalflucht und Vergesellschaftung der Investitionen

Sobald dieses Aktionsprogramm zu greifen beginnt, werden die ökonomischen Schaltzentralen der herrschenden Eliten versuchen, ihre Kapitalvermögen aus Europa wegzuschaffen und einen umfassenden Investitionsstreik lancieren. Deshalb sind alle, die von der Dringlichkeit einer radikalen Kehrtwende überzeugt sind, gut beraten, wenn sie sich von vornherein auf diese Reaktionsweisen einstellen und entsprechend vorbauen. Zumindest in der ersten Übergangsphase werden gut durchdachte Kapitalverkehrskontrollen erforderlich sein, um die Emigration des gesellschaftlichen Reichtums in die übrigen Wirtschaftsblöcke der Triade-Region, die Schwellenländer und das weltweite Netz der Steueroasen zu verhindern. Bei der Implementierung dieser Maßnahmen wird sich auch die Funktion des Schengener Grenzregimes radikal umkehren: Es wird nicht mehr Flüchtlinge und ArbeitsmigrantInnen abschrecken, sondern das Fluchtkapital aufgreifen, identifizieren und an die föderativen Sozialfonds abführen. Genauso zügig wird auch die Vergesellschaftung der Investitionen durchgesetzt werden müssen. Sie wird sich zunächst auf die strategischen Sektoren – Großbanken, Medienkonzerne, gesamtwirtschaftliche Schlüsselbereiche wie Informations- und Kommunikationstechnologie, Energieversorgung und Transportketten – beschränken, bald darauf aber auch die multinational operierenden Unternehmen der Exportsparte einbeziehen. Sobald sich die erste Etappe der Umwälzung konsolidiert hat, kann damit begonnen werden, die Großkonzerne in überschaubare Betriebsgrößen zu zerlegen und zu regionalisieren, damit sie in den allgemeinen sozialökonomischen Demokratisierungsprozess einbezogen werden können.

5.
Wiederaneignung der öffentlichen Güter

Ein weiterer Schlüsselbereich unseres Aktionsprogramms bezieht sich auf die Wiederaneignung der Commons, aller jener öffentlichen Güter, die seit den 1980er Jahren in die Verfügungsgewalt privater Investoren übergegangen sind. Sie ergänzt die Maßnahmen zur Vergesellschaftung der Großbanken und strategischen Schlüsselsektoren auf der kommunalen Ebene, also von unten her. Im Vordergrund steht deshalb zunächst die Kommunalisierung der kleinräumigen Infrastruktur- und Versorgungsbetriebe, insbesondere der Wasserwirtschaft, der Elektrizitäts- und Energieversorgung, von Wohnungsbau und Wohnraumverwaltung, der Nahverkehrseinrichtungen, der Erzeugung und Verteilung von Lebensmitteln, der Gesundheitszentren und Krankenhäuser sowie der Schulen und Kindertagesstätten. Sobald sich die erste Etappe der Wiederaneignung konsolidiert hat, wird sich die Übernahme der dekonzentrierten Betriebe und Service-Zentren der strategischen Schlüsselsektoren in die kommunale bzw. regionale Selbstverwaltung anschließen. Wesentliche Voraussetzungen dazu werden durch die Vergesellschaftung des Internet, der digitalen Medien und aller wissenschaftlich-technologischen Innovationen geschaffen.

6.
Gleichheit der Geschlechter

In den vergangenen Jahrzehnten hat die neue Frauenbewegung in ihrem Kampf um die Geschlechtergleichheit erhebliche Erfolge erzielt. Diese Errungenschaften wurden jedoch seit Krisenbeginn zunehmend wieder in Frage gestellt: Männliche Aggressivität, sexuelle Ausbeutung und innerfamiliäre Gewalt haben in zahlreichen Ländern Europas wieder zugenommen. Diese Entwicklungstendenzen führen uns einmal mehr vor Augen, dass die Gleichheit der Geschlechter mehr ist als eine »Klassenfrage«. Dessen ungeachtet erscheint es zunächst geboten, die sozialen und wirtschaftlichen Aspekte der Gleichstellung der Frauen zum Ausgangspunkt einer wirkungsvollen Gegeninitiative zu machen. Dazu gehört an erster Stelle die materielle und damit auch soziale Aufwertung jener Berufsfelder, in denen nach wie vor überwiegend Frauen tätig sind, insbesondere in der unbezahlten wie bezahlten Reproduktionsarbeit (Haushaltsarbeit, Häusliche Dienste, Kranken- und Altenpflege usw.). Davon ausgehend sollten dann weitere Initiativen gestartet werden, um die Gleichstellung der Frauen auf allen Ebenen des sozialen, wirtschaftlichen, politischen und kulturellen Lebens durchzusetzen und unumkehrbar zu machen.

7.
Liquidierung des Schengener Grenzregimes

Das Schengener Grenzregime ist unverzüglich zu liquidieren, seine paramilitärische Infrastruktur (»Frontex«)

und seine Datenbanksysteme (»Schengener Informationssystem«) sind aufzulösen. Parallel dazu sollten alle damit zusammenhängenden innereuropäischen Institutionen zur Diskriminierung und Abschreckung von Flüchtlingen und MigrantInnen (Internierungslager, Beschränkung der Freizügigkeit usw.) aufgegeben werden. Auch die Visumpflicht gegenüber Menschen aus sogenannten Drittländern sollte wesentlich gelockert und im Prozess der Egalisierung der globalen ökonomisch-politischen Ungleichgewichte annulliert werden.

8.
Kehrtwende in der Umweltpolitik

Auch in Europa sind die natürlichen Ressourcen im Ergebnis eines schrankenlosen und zerstörerischen Raubbaus extrem verknappt. Erhebliche Teile der Ökosysteme erneuern sich nicht mehr von selbst, sondern müssen durch menschliche Eingriffe regeneriert werden, während sich gleichzeitig die Klimaerwärmung beschleunigt. Alle Versuche, der sich bedrohlich zuspitzenden Umwelt- und Klimakrise durch marktliberale Instrumente (Emissionshandel usw.) Herr zu werden, sind gescheitert. Deshalb ist eine radikale Kehrtwende unabdingbar geworden. Sie wird zweifellos durch die allgemeine Entschleunigung der Arbeits- und Produktionsprozesse, die Reduktion des Transportvolumens und durch den generellen Übergang zu einer ökologischen Landwirtschafts- und Ernährungspolitik erleichtert werden. Aber die durch die entscheidenden Reformen initiierte Anpassung der Wirtschaftsweise an die begrenzten ökologischen Ressourcen wird allein nicht ausreichen, um eine neue Balance zwischen Ökonomie und Ökologie herzustellen. Die Prozesse der Inwertsetzung und Verwertung der Naturressourcen müssen zusätzlich durch neue technologische Innovationen, die Drosselung des fossilen Energieverbrauchs, die mit der europaweiten Liquidierung der Atomwirtschaft gekoppelte Aktivierung erneuerbarer Energieträger sowie die Einbeziehung aller ökologischen Folgekosten in die betrieblichen Kostenrechnungen eingedämmt werden.

9.
Überwindung der binneneuropäischen Ungleichgewichte und der Euro-Krise

Es ist keineswegs Zufall, dass wir uns erst jetzt jener Fragestellung zuwenden, die heute die Medien beherrscht und auch in kritisch engagierten Alternativüberlegungen den ersten Rang einnimmt. Damit möchten wir nicht den Eindruck erwecken, als ob wir die aus dem neomerkantilistischen Export-Dumping der Kernzone entstandenen binneneuropäischen Ungleichgewichte und die daraus wiederum hervorgegangene Schuldenkrise der Peripherieländer für ein nachrangiges Problem hielten. Das wäre angesichts der Tatsache, dass die Europäische Union im Ergebnis der dadurch heraufbeschworenen Verwerfungen in eine bedrohliche Schieflage geraten ist, schlechthin unverantwortlich. Unser Motiv ist ein anderes: Wenn die bislang präsentierten Vorschläge zur Umgestaltung und Standardisierung der europäischen Arbeits-, Sozial-, Wirtschafts- und Fiskalpolitik umgesetzt werden, dann erledigt sich das Problem der binneneuropäischen Ungleichgewichte weitgehend von selbst. Dann wird es kein kerneuropäisches Lohn-, Sozial- und Export-Dumping mehr geben, denn alle wesentlichen Parameter – Arbeitsproduktivität, Lohnstückkosten, Preisniveaus usw. – nivellieren sich. Es wird infolgedessen nur noch darum gehen, den Peripherieländern in der ersten Umstellungsphase durch einen einmaligen Finanz- und Ressourcentransfer einen äquivalenten Neustart zu ermöglichen. Dazu genügt es erstens, ihre privaten und öffentlichen

Schulden in einen gesamteuropäischen Tilgungsfonds zu überführen und die Gläubiger unter Einsatz des enormen ökonomischen Potenzials des integrierten Europa zu einem weitgehenden Verzicht auf ihre – ohnedies zu erheblichen Teilen illegitimen – Verzinsungs- und Tilgungsansprüche zu zwingen. Zweitens müsste die Europäische Zentralbank durch eine entsprechende Revision ihres Statuts dazu ermächtigt werden, einheitliche Eurobonds auszugeben, die bislang nur von den einzelnen Mitgliedsländern emittiert werden konnten. Ein dritter Ansatzpunkt könnte schließlich den Abbau der Ungleichgewichte mit einer dauerhaften Stabilitätslösung verbinden. Dazu wäre es lediglich erforderlich, den Europäischen Stabilitätsmechanismus in ein gesamteuropäisches Clearingsystem umzuwandeln, in das Länder mit Zahlungsbilanzüberschüssen automatisch bestimmte Beträge zum Bilanzausgleich der Defizitländer einschießen. Diese Maßnahmen setzen die grundlegende Demokratisierung und Umwandlung aller beteiligten Institutionen in loyale Instrumente der entstehenden Europäischen Föderation voraus, so dass ihre Operationen der Einflussnahme durch die Akteure des finanzialisierten Kapitalismus entzogen sind.

Und was wird aus dem Euro?

Alle bislang erörterten Reformschritte und Stabilisierungsmaßnahmen könnten problemlos unter Beibehaltung der Einheitswährung durchgeführt werden, wenn eine entscheidende Voraussetzung erfüllt ist: Die Demokratisierung der Zentralnotenbank und ihre Unterordnung unter die Prioritäten und Rahmenbedingungen des Umbruchs. Das wird ein folgenreicher Schritt sein, denn er wird die Vorherrschaft der restriktiven Geldmengenpolitik und mit ihr die Ära der exportgetriebenen Niedriglohnstrategie beenden. Solange die Europäische Zentralbank unabhängig von den europäischen Gremien – und somit im uneingeschränkten Interesse der Kapitalvermögensbesitzer und multinationalen Konzerne – operierte, hatte die europäische Einheitswährung einen Fetischcharakter angenommen, in dem sich die uneingeschränkte Vorrangstellung eines De-facto-Goldstandards ausdrückte. Mit ihrer Unterwerfung unter den demokratischen Volkswillen wird auch die von ihr gedruckte und in Umlauf gebrachte Währung auf mittlere Sicht »demokratische« Züge annehmen: Sie wird zum reinen Tauschmittel und auf eine neutrale ökonomische Vermittlungsfunktion zurückgestutzt. Je mehr es der Gesellschaft gelingt, die ökonomische Sphäre ihren Lebensbedürfnissen zu unterwerfen, desto belangloser wird das Währungsproblem, denn die im Geld verkörperte Funktion eines allgemeinen Wertäquivalents verliert zunehmend an Bedeutung. Aber schon lange vorher wird die mit dem Geldfetisch verknüpfte Debatte über den Austritt bzw. Rauswurf bestimmter Länder oder Landesgruppen aus der Eurozone verstummt sein.

Von der Europäischen Union zur Föderativen Republik Europa

Soweit ein erster Überblick über die wichtigsten Eckpfeiler und Etappen einer entscheidenden Reform. Das Ensemble der dafür erforderlichen arbeits-, sozial-, wirtschafts-, fiskal- und finanzpolitischen Eingriffe ist beträchtlich, und darüber hinaus ist zu bedenken, dass sie, wenn der Umbruch Erfolg haben soll, gleichzeitig in Gang gebracht werden müssen. Dafür fehlt ihm indessen noch die verbindende Klammer: die Verankerung aller Reformanläufe in den Strukturen des politischen Felds, die sie irreversibel macht und die erforderliche Stabilität erzeugt. Wie könnte eine politische Verfassung aussehen, die dem Aktionsprogramm die erforderliche Konsistenz und Dauer verschafft, der historisch gewachsenen kulturellen Vielfalt des europäischen Kontinents Rechnung trägt und die Perspektive eines auch weltweit greifenden Systemwandels befördert? Dabei können wir von zwei Prämissen ausgehen: erstens von der Erkenntnis, dass dafür nur ein postnationalstaatlicher Ansatz in Frage kommt, und zweitens von dem in den voraufgegangenen Abschnitten erarbeiteten Wissen, dass die Europäische Union als legitimationsloses Korsett einer streng hierarchisierten Gruppe von Nationalstaaten keine Strukturen bereithält, an denen anzuknüpfen wäre.

Das Gegenmodell, das uns vorschwebt, ist eine Föderative Republik Europa. In sie wären alle Mitgliedsstaaten aufzulösen, und zwar gleichzeitig »von unten« und »von oben« her. Dies könnte auf folgende Weise geschehen.

1.

Aufbau von unten nach oben. Die Basisstrukturen der Föderation sind die Kommunen und kommunalen Verbände (Kreise, Bezirke usw.). Diese Kommunalverbände assoziieren sich zu Kantonen, die aus den früheren Mitgliedsländern oder benachbarten Gebieten mehrerer aufgelöster Nationalstaaten hervorgehen. Mehrere geografisch, historisch und kulturell verwandte Kantone schließen sich hinwiederum zu einer Europäischen Region zusammen: Mittelmeerregion, Donau- und Balkanländer, Ostmitteleuropa, Skandinavien, Mitteleuropa und Westeuropäische Atlantikregion. Aus dem Zusammenschluss dieser Regionalgruppen wird schließlich die Föderation gebildet.

2.

Aufbau von oben nach unten. Die Föderation bildet ein eigenständiges politisches Handlungsfeld, das sozialökonomische, politische und kulturelle Disparitäten zwischen den Regionen ausgleicht und die Föderation nach außen vertritt. Diese Funktionsweise reproduziert sich auf den nachfolgenden Ebenen bis hin zum Ausgleich kommunaler Disparitäten und Belange durch die Kantone.

3.

Die verschiedenen Föderationsebenen sind politisch-ökonomisch unterschiedlich zu gewichten. In allen Regulationssystemen sind Rang und Status der Gebietskörperschaften durch das Ausmaß der ihnen zufließenden Einnahmen, in erster Linie der Steuern, bestimmt. In unserem Modell sind diese Einkünfte so zu verteilen, dass sie die Effizienz der verschiedenen Ebenen sichern, zugleich aber einer uneingeschränkten demokratischen Entscheidungskompetenz unterworfen sind. Der höchste Anteil kommt deshalb den Kommunen und Kommunalverbänden mit 40 % zu, den Kantonen sind 25 %, den Regionen 20 % und der Föderation schließlich 15 % zuzuerkennen. Durch diesen Schlüssel ist eine Zuweisung der Ressourcen an die für die Selbstverwaltungsprozesse besonders wichtigen unteren Funktionsebenen gewährleistet. Aber auch die Regionen verfügen noch über ausreichende Mittel zur Koordinierung von Infrastrukturprojekten usw. Die der Föderation zustehenden Mittel sind ebenfalls in erster Linie für übergreifende Infrastrukturvorhaben und für überregionale Ausgleichsoperationen bestimmt. Dagegen werden sie nicht ausreichen, um die klassischen Insignien imperialer und nationalstaatlicher Macht – Armee, außenpolitische Herrschaftsinstrumente usw. – zu unterhalten. Die Föderationsregierung ist somit zusätzlich zu dem in der Verfassung zu verankernden Abrüstungs- und Friedensgebot auch aus strukturellen Gründen unfähig, militärischen Bündnissen (NATO) anzugehören, erklärte wie unerklärte Kriege zu führen, einen militärisch-industriellen

Komplex zu unterhalten und imperialistische Machtpolitik zu betreiben.

4.

Von besonderer Bedeutung ist schließlich die Frage der politischen Repräsentation. Sie könnte zumindest in der ersten Etappe der Umwälzung durch eine Kombination direkter wie indirekter demokratischer Entscheidungsstrukturen gelöst werden. Die Basis bilden die Strukturen der direkten Demokratie auf kommunaler Ebene (Vollversammlungen, Räteverwaltung der Kommunalverbände usw.), die ihre mit einem direkten und zeitlich befristeten Mandat ausgestatteten Delegierten in die kantonalen Gremien entsenden; die andere Hälfte der kantonalen Parlamentssitze wird durch allgemeine Wahlen vergeben. Dieses Vorgehen wiederholt sich entsprechend auf der Ebene der Regionen und der Föderation. Dabei wäre besonders im letzteren Fall sicherzustellen, dass die Delegierten der regionalen Räteparlamente im Föderationsparlament mit gleich vielen und gleichrangigen Mandaten ausgestattet werden; die andere Hälfte sollte in einem europaweit greifenden allgemeinen Wahlmodus bestimmt werden. Darüber hinaus sollten die von den Kantonal- und Regionalparlamenten sowie vom Föderationsparlament gewählten Exekutivausschüsse grundsätzlich mit einem imperativen und zeitlich befristeten Rotationsmandat ausgestattet werden. Da gleichzeitig auch dafür Sorge zu tragen sein wird, dass die Delegiertenbezüge auf allen Ebenen die Durchschnittseinkommen der europäischen Familienhaushalte nicht überschreiten, wird die Herausbildung einer neuen »politischen Klasse« effektiv verhindert. Auf diese Weise könnte die Entwicklung einer auf den konstitutionellen Normen der universellen Existenz- und Menschenrechte begründete direkte Demokratie dauerhaft gesichert werden.

Aufbruch zu neuen Ufern

Es gibt noch eine zweite Handlungsebene des sozialen Widerstands, auf die wir uns mit unseren Vorschlägen beziehen: Die Netzwerke der alternativen Ökonomie. Sie haben sich seit Krisenbeginn in allen Regionen Europas ausgedehnt und können sich einer von Monat zu Monat wachsenden sozialen Basis erfreuen. Sie wirken eher im Stillen, und wer ihnen nicht nahesteht, wird kaum etwas von ihnen bemerken. Dabei sind ihre Erscheinungsformen außerordentlich vielfältig, und ihre Handlungsfelder überschneiden sich häufig. Tausende erwerbslose Jugendliche haben sich nach dem Abschluss ihrer Ausbildung in die ländlichen Regionen zurückgezogen und landwirtschaftliche Produktionsgenossenschaften gegründet, auf der Technologie der erneuerbaren Energien beruhende Projekte zur lokalen Strom- und Wärmeversorgung gestartet und jahrhundertealte Strukturen des geldlosen Gütertauschs wiederbelebt. Auch in den städtischen Agglomerationen sind europaweit neue Tausch- und Arbeitsbörsen entstanden. Mietergenossenschaften, Hausbesetzerkollektive und Wohnungsbaukooperativen haben Hochkonjunktur, weil sie den aus ihren Wohnungen und Häusern vertriebenen Familienhaushalten eine Alternative zu den Obdachlosenasylen anbieten. Ihre Projekte werden durch Handwerkerkollektive, kleinindustrielle Produktionsgenossenschaften und selbstverwaltete Gesundheits- und Bildungseinrichtungen unterstützt. Den in diesen kleinwirtschaftlichen Gemeinschaften Engagierten eröffnen sich bislang unbekannte Erfahrungshorizonte und Lernprozesse. Sie entdecken neue Lebensentwürfe, die auf gegenseitiger Hilfe, auf sozialer und ökonomischer Gleichheit und auf einer Verdichtung gemeinschaftlicher Solidarbeziehungen begründet sind.

Derartige Strukturen der gegenseitigen Hilfe sind indessen nichts Neues. Seit Jahrhunderten haben die arbeitenden Armen sich darauf verstanden, auf die sich in den Krisen- und Depressionsperioden verschärfenden Prozesse der Verelendung und der sozialen Demoralisierung durch den Aufbau alternativer Wirtschaftsweisen, gemeinschaftlich verwalteter Hilfskassen und geldloser Verteilungssysteme zu antworten. Ihren letzten Höhepunkt erreichten die Gestaltungswelten der alternativen und solidarischen Ökonomie in den 1980er und 1990er Jahren, als die Gesellschaften des globalen Südens – insbesondere Lateinamerikas – und Osteuropas durch die den Troika-Diktaten von heute entsprechenden »Schocktherapien« des Internationalen Währungsfonds und der marktradikalen Wende-Eliten unterworfen wurden. Diese Erfahrungen sind nun mitsamt den dabei gemachten Lernprozessen auf den europäischen Kontinent zurückgekehrt. Sie gestatten es uns, über die Perspektiven und Grenzen der sich nun auch vor unseren Augen entfaltenden Strukturen der alternativen Ökonomie nachzudenken.

Vor allem der sich verdichtenden Berichterstattung aus den europäischen Peripherieländern können wir entnehmen, dass es falsch wäre, den neuen Akteurinnen und Akteuren des geldlosen und nichtkapitalistischen Wirtschaftens einen homogenen Habitus zu unterstellen. Dafür sind ihre Motivationsstrukturen zu unterschiedlich. Eine erste Gruppe handelt aus rein karitativen Beweggründen. Ihr steht eine Gruppierung kleiner Gemeinschaften gegenüber, die ihr Handeln mit der Hoffnung auf einen grundlegenden Systembruch verbindet. Sie nimmt die Zeitenwende bewusst vorweg, um sie gewissermaßen vorzuleben: Für sie ist das Persönliche unmittelbar politisch geworden. Zwischen diesen beiden Bereichen bewegt sich die bei weitem größte Gruppe der alternativ-solidarisch Wirtschaftenden: Es sind diejenigen, die durch ihre Not und Verelendung gezwungen wurden, ihre bisherige Lebensgestaltung zu verändern.

Es ist infolgedessen wahrscheinlich, dass sie, sobald die Depression endet und ihnen wieder »normale« Beschäftigungs- und Lebensverhältnisse offenstehen, zusammen mit den karitativ Engagierten in den kapitalistischen Alltag zurückkehren werden. Die Frage ist deshalb, inwieweit es den bewusst handelnden Gruppierungen der Alternativökonomie gelingen könnte, sie durch gemeinsames Handeln vor der Rückkehr in die unsolidarischen Normensysteme des Waren- und Konsumfetischismus zu bewahren.

Ein erfolgversprechender Ansatz zur gesellschaftlichen Ausbreitung einer antisystemischen Orientierung könnte darin bestehen, dass sich die außerhalb des kapitalistischen Zyklus verorteten Aktivistinnen und Aktivisten des Schlüsselproblems aller alternativ-ökonomischen Projekte bewusst werden: Ihrer Begrenztheit und Marginalisierung durch die mit ihnen einhergehende Armut. Allen Menschen ist heute der ungeheure gesellschaftliche Reichtum bewusst, den sich überwiegend die Oberschichten und Herrschaftseliten aneignen. Dieses Wissen um die Möglichkeiten einer entfalteten und sozial gesicherten Lebensperspektive des allgemeinen Wohlstands kann durch kein noch so ausgefeiltes Modell der Askese kompensiert werden, wenn wir einmal von den durch die verschiedenen Religionen bereitgehaltenen Versprechungen auf die überirdischen Heilsgüter absehen. Um ihm Rechnung zu tragen, sollten die Horizonte der alternativen Ökonomie deshalb mit der Perspektive einer umfassenden Wiederaneignung der öffentlichen Güter verbunden werden. Auf die sich dabei anbietenden Handlungsfelder haben wir schon hingewiesen. Wenn es gelänge, zwischen den Trägerschichten der alternativen Ökonomie und den Aktivistinnnen und Aktivisten einer sozialen Wiederaneignung gemeinsame Praxisbezüge zu stiften, dann wäre ein qualitativer Sprung möglich, der die Grenzen der »entscheidenden Reformen« in die Richtung einer nachkapitalistischen, egalitären Gesellschaft überschreitet. Dann könnte die gemeinschaftliche Aneignung und Inbetriebnahme der kommunalen und regionalen Produktions- und Reproduktionsmittel als Fanal wirken: als konkreter Beweis dafür, dass es möglich ist, die in der vergegenständlichten Arbeit aufgehäuften Reichtümer kollektiv anzueignen und den Erfordernissen einer sich herrschaftsfrei entfaltenden sozialen Subjektivität anzupassen.

Eine solche Entwicklung würde auch helfen, viele Barrieren wegzuräumen, die heute noch immer die Glaubwürdigkeit und Durchsetzungskraft des sozialen Widerstands blockieren. Der Ruf nach einer rätedemokratisch verfassten Selbstverwaltung des gesellschaftlichen Lebens wäre dann nicht nur eine Parole, sondern ein Beweis dafür, dass die direkte Demokratie gute Instrumente zur sozialen Aneignung und Gestaltung des materiellen Lebens zu bieten hat. Sie könnte aber auch dem von der Vormundschaft der Eliten und Bildungsbürger befreiten kulturellen Leben zu einer neuen Blüte verhelfen. Gerade die europäische Kulturgeschichte ist durch eine lange und traditionsreiche Symbiose von populären Schöpfungen und individuellen Werken geprägt, die mit den Stilmitteln der bildenden Kunst, des Musikschaffens, des Films und der Literatur die Grenzen der sozialen Subjektivität erweiterten. Wir hoffen, dass der Anbruch eines egalitären Zeitalters auch neuartige Dimensionen des konsensorientierten multikulturellen Zusammenlebens hervorbringen wird, dessen Ausmaße wir heute nur zu erahnen vermögen.

Mit diesen Bemerkungen über die Chancen eines egalitären und multikulturellen Europa wollen wir keineswegs den Eindruck erwecken, als ob wir Euro-Zentristen wären – ganz im Gegenteil. Wir sind uns bewusst, welches Elend und welche Verheerungen die im 15. Jahrhundert begonnene europäische Expansion über die Welt gebracht hat. Wir haben auch in die Abgründe geblickt, die die beiden Weltkriege aufgerissen haben, und uns an den

Forschungen über die Ursachen, die zur Shoah und zu Auschwitz geführt haben, beteiligt. Nichts liegt uns infolgedessen ferner als die Hybris, mit unseren Vorschlägen zu einem föderativen Europa den Gesellschaften der übrigen Kontinente und Subkontinente noch einmal sagen zu wollen, »wo es langgeht«. In einen europäischen Aufbruch müssen immer auch die Erfahrungen eingehen, die von den Unterklassen der drei Kontinente und der übrigen Territorien der Triade-Region gemacht werden, und einiges davon findet sich schon in unseren Vorschlägen. Ja, mehr noch: Wir sind uns bewusst, dass sich ein föderativ umgestaltetes Europa auf Dauer nur dann wird behaupten können, wenn es durch – möglicherweise gänzlich anders strukturierte – emanzipatorische Bewegungen in den anderen Weltregionen unterstützt wird. Selbstverständlich gilt dies auch in die umgekehrte Richtung. Deshalb verstehen wir unseren Vorschlag als einen Beitrag zu einer Globalisierung von unten und werden die Suche nach transkontinentalen Anknüpfungspunkten aufnehmen.

Das egalitäre Europa darf kein abgeschlossener und in sich ruhender Machtblock sein. Es wird sich vielmehr den globalen Migrationsbewegungen öffnen, aktiv zur Beseitigung imperialistischer Gewaltpolitik beitragen und an der sozioökonomischen Überwindung der globalen Ungleichgewichte mitarbeiten. Eines der wichtigsten Mittel dazu wird möglicherweise die Einführung eines globalen Buchgelds sein, das allen Wirtschaftsnationen uneingeschränkt zur Verfügung steht und alle auf Kosten der Schwächeren und insbesondere der Entwicklungsländer erzielten Zahlungsbilanzüberschüsse durch ihre automatische Abführung an eine globale Transferstelle abschöpft. In diesem Sinn ist der Weg zum föderativen Europa nicht mehr und nicht weniger als ein durch die Besonderheiten des Kontinents geprägter Beitrag zu einer egalitär verfassten Weltgesellschaft.

Assoziation Egalitäres Europa

Abschließend haben wir darüber nachgedacht, wie unsere Vorschläge auf den Foren des sozialen Widerstands und in den Versammlungen der kleinen Gemeinschaften der Alternativökonomie verbreitet werden könnten. Denn nur in der Diskussion mit ihnen ist es möglich, ihre Agenda zu unterstützen, an ihren Lernprozessen teilzunehmen und die dabei gemachten Erfahrungen in die gemeinsame Erarbeitung einer Programmatik der Systemüberwindung einzubringen. Wir schlagen deshalb die Gründung einer Assoziation vor, die in allen Regionen Europas Fuß fasst und sich in allen Bereichen des neuen Multiversums der Unterklassen verankert. Diese Assoziation soll keine Partei sein, denn die Parteiensysteme der indirekten Demokratie haben ihre Glaubwürdigkeit weitgehend verloren. Sie sollte sich aber auch jenseits der Vorstellungen der traditionellen Linken entwickeln und auf jeglichen Avantgarde-Anspruch verzichten. Sie sollte stattdessen ein Netzwerk all jener sozialen Kristallisationspunkte darstellen, die sich als eigenständige und selbstverantwortliche Gemeinschaften für den Umbruch einsetzen. Sie sollte sich dabei zum Einen auf die Formate des Internets – Portale, Blogs, Foren usw. – stützen, zum Andern auch kommunale, kantonale, regionale und föderative Delegiertentreffen veranstalten, um ihre Erfahrungen auszutauschen, die programmatischen Perspektiven voranzutreiben und die Schwerpunkte ihrer Aktivitäten und Kampagnen festzulegen. Dabei sollte die Assoziation Egalitäres Europa immer dem Grundsatz verpflichtet bleiben, nicht als bürokratische Interessenvertreterin der vielfältigen Schichten und Gruppen des Multiversums agieren zu wollen, sondern als dessen aktiver Teil tätig zu werden. Auf diese Weise könnte es gelingen, immer größere Teile der arbeitenden Klassen von der Möglichkeit zu überzeugen, ihre Belange auf allen Ebenen des sozialen, wirtschaftlichen, politischen und kulturellen Lebens selbst in die Hand zu nehmen und durchzusetzen. Insofern ist und bleibt die Assoziation Egalitäres Europa Bestandteil des sozialen Widerstands, der alternativen Ökonomie und der Initiativen zur Wiederaneignung der öffentlichen Güter.

Das wichtigste Handlungsfeld der Assoziation ist ihre Teilnahme an direkten Aktionen: Langsamarbeiten und Bummelstreiks, selbstbestimmte Arbeitszeitverkürzung, Streikposten und koordinierte Streikkampagnen, Blockaden, Fabrik-, Rathaus- und Platzbesetzungen, Haus- und Landbesetzungen sowie die Koordination all dieser Aktionsformen bis hin zum europaweit organisierten Generalstreik. Aus diesen Manifestationsformen und Lernprozessen des sozialen Widerstands könnten konkrete Strukturen der Selbstbefreiung hervorgehen, die den Weg zu einem föderativen Europa ebnen: der Aufbau kommunaler Versammlungs- und Kulturzentren, die Übernahme der kommunalen Versorgungsbetriebe und Ausbildungseinrichtungen, die demokratische Rekonstruktion des Gesundheitswesens und der Sozialfonds und der damit einhergehende Aufbau der Strukturen der Demokratie von unten nach oben. Durch diese Festlegung auf die Handlungsfelder der direkten Aktion wäre auch die erneute Entstehung bürokratischer Repräsentationen ausgeschlossen, der fortschreitende Abbau staatlicher Herrschaft gewährleistet und sichergestellt, dass sich die Dynamik der Assoziation nicht von der emanzipatorischen Dynamik des Multiversums abkoppeln kann.

Die soziale Zusammensetzung der Assoziation Egalitäres Europa wird wahrscheinlich zunächst durch zwei miteinander verflochtene Gruppierungen geprägt sein: Die AktivistInnen und die engagierten Intellektuellen. Bei den AktivistInnen handelt es sich überwiegend um junge Menschen, die sich auf die Suche nach einer Alternative zur

No-Future-Perspektive begeben haben. Sie werden von allen Teilen des Multiversums kommen. Sie werden wahrscheinlich häufig über einen migrantischen Hintergrund verfügen, mehrsprachig und multikulturell sozialisiert sein und könnten so erhebliche kreative Fähigkeiten einbringen. Diese Annahme soll sich keineswegs nur auf diejenigen jungen AktivistInnen beziehen, die sich höhere Qualifikationen aneignen konnten, sondern auch auf die Jugendlichen der Trabantenghettos sowie alle diejenigen, die mit Gelegenheitsjobs oder den repetitiven Arbeitsrhythmen der Fabriken und Service-Centers konfrontiert sind. Der Assoziation werden sich hoffentlich auch alle diejenigen anschließen, die sich den Anpassungszwängen des marktradikalen Kapitalismus durch den Weg in die kleinen Gemeinschaften der Alternativökonomie entzogen haben. Wieder andere könnten nach ihren Ausbildungsabschlüssen längere Perioden der Neuorientierung eingelegt oder versucht haben, ihre systemkritische Identität auch in einem Alter zu bewahren, das durch Familiengründung und berufliche Kompromisse geprägt ist. Eine weitere wichtige Gruppe der Älteren könnte sich darüber hinaus aus allen denjenigen rekrutieren, die teilweise seit Jahrzehnten als BuchhändlerInnen, Kneipenkollektive, Kleinverleger, Zeitschriftenredaktionen, Anwaltsgemeinschaften, Kulturschaffende und alternative Gesundheits- und PflegearbeiterInnen die soziale Infrastruktur der städtischen Subkulturen in Gang halten. Diese Gruppierung verfügt auch über wichtige Kontakte zu den oppositionellen Strömungen innerhalb der Gewerkschaften, Nichtregierungsorganisationen und linken Parteien, die für die Assoziation Egalitäres Europa wichtige Brückenfunktionen übernehmen könnten.

Eine zweite bedeutsame Trägerschicht könnten die kritisch engagierten Intellektuellen, die Intellektuellen »von unten«, bilden: von unten! Mit diesem Begriff möchten wir einer Entwicklung gerecht werden, die sich in den letzten

Jahrzehnten innerhalb der Mittelklassen durchgesetzt hat. Die Ära des »universellen« Intellektuellen, der den arbeitenden Klassen und Schichten als Außenseiter der bürgerlichen Öffentlichkeit eine Stimme gab, ist längst beendet. Die marktradikal uniformierten Medien tolerieren keine universellen Intellektuellen mehr: Sie bevorzugen Medienintellektuelle, die die Doktrinen der herrschenden Eliten in den Attitüden des Showbusiness, der Star-Allüren und der Event-Inszenierung vortragen. Die Intelligenzschicht war in den vergangenen Jahrzehnten einer rasanten Verwissenschaftlichung der Produktions- und Distributionssphäre unterworfen. Sie verlor ihre relative Autonomie und wandelte sich massenhaft zur Figur der Wissensarbeit. Inzwischen ist sie zu erheblichen Teilen in ihren beruflichen Feldern so erwerbsabhängig und kommandiert wie die übrigen Schichten des Multiversums. Diese machtpolitischen und sozioökonomischen Umschichtungen können eine habituelle Veränderung begünstigen, die es vielen Intellektuellen erleichtert, ihre berufliche Kompetenz und Expertise auf den verschiedensten Gebieten des wissenschaftlichen Felds mit sozialem Engagement zu verbinden. Schon heute unterstützen Zehntausende kritisch engagierte MedizinerInnen, InformatikerInnen, StadtplanerInnen, PhysikerInnen, UmweltökonomInnen, PublizistInnen, KünstlerInnen und HochschullehrerInnen den sozialen Widerstand. Ihr Spektrum könnte sich künftig durch alle diejenigen AktivistInnen vergrößern, die nach Jahren ununterbrochener Basisaktivitäten eine Pause einlegen, um sich wissenschaftliche Kompetenzen anzueignen. Alle diese Menschen konstituieren den neuen Typ des engagierten Intellektuellen »von unten«, des antisystemischen Wissensarbeiters. Wenn es gelingt, sie von der Schlüssigkeit der Assoziation Egalitäres Europa zu überzeugen, dann werden sie deren Erfolgsaussichten durch die kontinuierliche Einspeisung ihres Fachwissens verbessern und dazu beitragen, dass die Perspektive der Systemüberwindung den Charakter einer durchdachten Gegen-Planung annimmt.

Zwischen den Aktivisten und Aktivistinnen und den engagierten Intellektuellen bestehen somit zahlreiche Gemeinsamkeiten. Gemeinsam ist ihnen auch die Fähigkeit, über den europäischen Tellerrand hinauszublicken und die Transformation des alten Kontinents in eine weltweite Perspektive einzubringen. Die AktivistInnen verlassen schon heute ihre lokalen und regionalen Wirkungsorte immer wieder einmal, um die Bedingungen des sozialen Widerstands in den Nachbarregionen Europas und im globalen Süden kennenzulernen. Nicht anders ergeht es auch den WissensarbeiterInnen der Gegenwart: Sie agieren nicht nur zunehmend im Kontext globaler Netzwerke, sondern sind auch ständig auf Wanderschaft, um an Tagungen, Workshops und interdisziplinären Forschungsprojekten teilzunehmen. Eine Assoziation Egalitäres Europa könnte somit an habituell und beruflich vorgegebenen Strukturen anknüpfen und ihre Netzwerke auf die benachbarten Regionen – die Mittelmeerregion, den Nahen und Mittleren Osten, das übrige Osteuropa einschließlich Russlands und die Transatlantikregion – sowie die übrigen Weltregionen ausdehnen. Auf diese Weise ist ein ständiger Informations- und Erfahrungsaustausch gesichert, der die Assoziation Egalitäres Europa als Bestandteil eines globalen Umbruchs verortet.

Das europäische Vermächtnis des antifaschistischen Widerstands

Das Europa von heute wird durch Massenerwerbslosigkeit, prekäre Arbeitsverhältnisse, soziale Enteignung und den fortschreitenden Abbau der demokratischen Rechte verdüstert. Das ist nicht das Europa des antifaschistischen Widerstands der 1940er Jahre. Es ist das krasse Gegenteil jener »Europäischen Föderation«, wie sie den Linkssozialisten der italienischen Resistenza, der französischen Résistance und einigen deutschen Widerstandsgruppen vorgeschwebt hatte. Ihr Vermächtnis ist heute weitgehend vergessen. Wer weiß schon, dass berlin-brandenburgische AntifaschistInnen zahlreiche Juden retteten und Verbindungen zwischen den Widerstandszellen der ausländischen ZwangsarbeiterInnen herstellten, weil sie diese Schritte als Vorbereitung hin zu einer »Europäischen Union« ansahen? Und wer erinnert sich noch an das europäische Föderationsprogramm der italienischen Linkssozialisten, das dann nach Kriegsende dem Mahlstrom des Kalten Kriegs zum Opfer fiel und anschließend durch den Zugriff der übermächtigen bürgerlichen Konkurrenz zu einem wohlfeilen Versatzstück der Liberalisierung der Waren- und Kapitalmärkte deformiert wurde? Heute, siebzig Jahre später, können wir an dieses Vermächtnis wieder anknüpfen. Selbstverständlich ist dies nicht im wörtlichen Sinn möglich. Trotzdem sind und bleiben die Visionen der antifaschistischen EuropäerInnen den Zielen der Assoziation Egalitäres Europa wesensverwandt: Die Europäische Föderation sollte dem Kontinent nicht nur den Frieden bringen, sondern auch Menschen- und Existenzrechte, Arbeiterdemokratie, Gemeineigentum und Wohlstand.

An diese Visionen möchten wir anknüpfen und sie, den aktuellen Zeitläuften gemäß, weiterentwickeln. Wir rufen die AktivistInnen des sozialen Widerstands, die ProtagonistInnen der alternativen Ökonomie, die linken Strömungen der Gewerkschaften und Parteien sowie die engagierten Intellektuellen dazu auf, sich zusammenzuschließen und eine Handlungsperspektive zu erarbeiten, die den Weg zu einem sozial gerechten, gewaltfreien, föderativen und egalitären Europa eröffnet.

Inhalt